はじめての
テント山行

徹底サポートBOOK 新版

Climb&Camp BEGINNER'S BIBLE

登山技術教室 Kuri Adventures 代表
JMIA 認定上級登山インストラクター
日本安全登山推進機構代表理事

監修

LOCUS GEAR

テント泊登山で重要なのは
十分に体力を回復させること!
家のベッドで寝ているときよりも
爆睡できることを目指す!

テント泊装備があれば

どんな緊急時でも生き延びられる。

テント泊登山こそ

もっとも安全な登山スタイルだ

自分自身で衣食住のすべてを背負い

大自然の中で生き延びる。

これこそが本来の登山のあり方だ!

さぁ、冒険に出かけよう!!

はじめに

本書のタイトルでもある「テント泊山行」。テント泊登山とも言われるこの登山スタイルとは、そもそもどういったことでしょうか。それ以前に、そもそも登山とは……。

トレッキングのように誰かが定めた登山道をトレースしていくこともあれば、アルパインクライミング（山岳地帯の岩壁登攀）のように、誰にも決められていない道を初めて歩く場合もある、それが登山です。いずれにしても、旅行とは違って、登山は冒険的要素を含みます。であるならば、可能な限り自分だけの力で完結する。それが本来の登山のあるべき姿ではないでしょうか。

テント泊登山は、山登りにおける衣食住をすべて持って、外部の力に頼ることなく自分の力で完結することです。これ

により、冒険的要素はさらに高まることになります。まさに、テント泊登山こそが登山のあるべき姿なのです。

一方、日本の登山を取り巻く環境は非常に恵まれています。人気の山域では山小屋も充実しているし、登山道もしっかりついています。慣れないうちは山小屋泊から初めてみればいいし、テントに泊まりながらも食事は山小屋でしてもいいし、最初からすべて自分だけの力でやらなくてもいい選択肢が豊富なのです。

自分のスキルに合わせて、段階的に難易度を上げながらテント泊登山を楽しむことのできる、この日本の環境を目一杯利用して、本来あるべき登山を存分に楽しみましょう。本書では、そのために必要な知識や技術、考え方の一端をまとめています。はじめてのテント山行のための一助になれば幸いです。

contents

※本書は2019年発行の『はじめてのテント山行「登る」&「泊まる」徹底サポートBOOK』を「新版」として発行するにあたり、内容を確認し一部必要な修正を行ったものです。

PART 1

テント泊登山の装備

日帰りの登山とテント泊登山で
異なる装備とは「寝るための装備」に尽きます。
自然の中で、疲れ切った体を回復させるための、
就寝環境を充実させましょう。

テントの役割は雨風から身を守ることにある

テントは自分だけの快適な空間のためだけにあるのではない

雨風が大敵!

POINT

テントは、雨風から身を守り、体温を奪われないようにする役割を担っている。

自分だけの空間で山に泊まることのできるテント。テント泊登山における幕営具の中でも象徴的な道具ですが、その役割は家と同じで、雨風から身を守ることにあります。登山では、怪我や危険なエリアなど気をつけるべきことはたくさんありますが、非常に重要なこととして、体温を奪われないことがあります。

各地で熱中症の危険性が叫ばれている現代では、暑さ対策こそ注目されがちですが、登山においては夏でも低体温症に注意する必要があります。その大敵となるのが雨と風なのです。

テントや寝袋など、テント泊山行のために必要な道具は、全て低体温症を防ぐためにあるものと言えます。パート1では詳しく解説していきます。

パーツの名称を覚えよう

❶ フライシート

雨を防ぐための外側の幕体。インナーテントとの隙間に前室を設けることができるのが特徴。

❷ ガイライン

先端をペグにつなげて地面に打ち込むことで、テントの耐風性を高める。「張り綱」とも呼ぶ。

❸ インナーテント

テント本体の、居住スペース。フライシートがないタイプは、これだけのシングルウォールとなる。

❹ メッシュパネル

居住スペースの通気性と、虫除けの機能を持つ。メッシュ面が多ければ多いほど、暑い夏に重宝する。

❺ ポール

テントを自立させる柱のような存在。複数のポールを連結して組み立てる。

❻ ベンチレーター

メッシュパネル同様、室内の換気を目的とした通気口。結露の発生を低減させる役割を持つ。

低体温症には夏でもなる!

低体温症にならないために

テントの幕営装備は低体温症を防ぐ道具

行動中、すなわちテント場まで歩いている段階では、自身の基礎代謝で熱が発せられるので、特別な気象条件でもない限り、「保温」はそこまで重要ではありません。むしろ、汗をかく（＝濡れる）ことに注意すべきで、歩き方やペース（→P88）、服装にて体温を〝下げる〟調節を心がける必要があります。

一方、人間の体は就寝時に代謝が落ちます。テント泊登山では、この寝るときに体温を奪われることを防がなければならないのです。

夏でも低体温症に注意すべきと前述しました。なぜなら、冬はあらかじめ寒いことを想定して装備を考えているため、冬にテント泊登山をするような熟達者であればしっかりと備えられているからです。また、気候的にも雨は少なく、雪の場合、降られても雨ほど濡れることがありません。

初心者でも登山にトライしやすい夏は、装備も判断も甘く、濡れてしまったときにリカバリーできないことが多いのです。また、突然の雨に見舞われることもあり、ずぶ濡れになる確率は冬よりも高いと言えます。

夏の山行が冬の山行よりも初心者向きなのは間違いありませんが、それでも、しっかりとした装備と対応できる知識・技術があってこそ。決して油断してはいけません。ここでは、いかに体温を保持することが大切かをしっかりと学んでおきましょう。

体温が奪われる仕組み

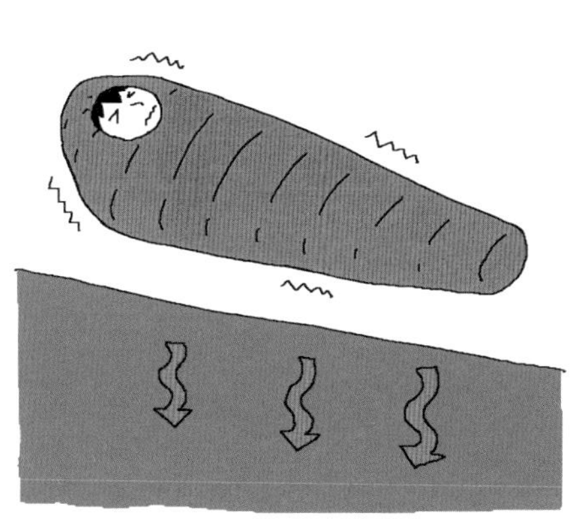

地面に熱が奪われてしまう

テントの中にいるとはいえ、寝ていると体は横になっているため、地面に熱が奪われる（伝達熱）ことによって、熱損失を起こして体温が奪われる。寝始めはそこまで気にならなくても、深夜〜明け方になり体を冷やされ、目覚めることに。すると、十分な体力回復も望めない。

自分の汗によって冷やされる

水は空気よりも20倍の熱伝導率がある。すなわち、汗も水と一緒で水分だ。熱は温度が高いほうから低いほうへと移動する。つまり、汗で濡れることによっても体温は奪われることになる。濡れた衣服が乾く際にも、「気化熱」となって熱を奪っていく。

対流によって熱を奪われる

あくまで無風であれば、という条件下では、体から発せられる熱で体の表面にも暖かい層ができる。しかし、当然ながら風に吹かれることで、その熱も飛んでいってしまう。風速が強ければ強いほど飛ばされるため、山の稜線上などは最も外気の影響を受けやすくなる。

テントはシーンや季節など状況に合わせて選択する

初心者ほど、より信頼度の高いテントを選んでおくこと

テントにもさまざまな種類があり、その選択肢は多岐に渡ります。日本の気候に適しているとされているのは、自立式のドームテントです。中でも、インナーテントとフライシートと、2枚の幕体とポールを組み合わせて立てる「ダブルウォールのドームテント（→P20）」が最も多用されています。

このほか、フライシートのない「シングルウォールのドームテント（→P22）」や、単体では自立せず、ロープとペグを使って張力を利用して立てる非自立式のテントなどもあります。

これらをどう使い分けるかは、山行時期やテント場の環境などによって選びます。夏に標高の低い樹林帯のテント場で設営する場合、通気性や虫対策の面で、換気機能が充実したメッシュ素材を採用したテントが適していますし、秋に2000m以上の稜線上にあるテント場で設営する場合、防風性も、密閉度も高い、より安心度の高いテントが望ましいでしょう。一方で登山口近くの山小屋や、キャンプ場のようなところで設営をする場合、タープやツェルトなど（→P26）で野営するのもまた面白いものです。こうした選択肢があるのもテント泊の楽しみの一つでもあります。

とはいえ、最初から何種類ものテントを揃えることは難しいもの。最初の1張りを選ぶとしたら、自分が行く可能性のある、最も厳しい環境・条件下（標高や寒さ）に対応できるものを選んでおきましょう。

最初の1張りとしてはダブルウォールのドームテントがオススメです。

テントの分類を覚えよう

自立式ダブルウォールテント

日本の登山用テントで最もスタンダードで使用者数も多いタイプ。他のタイプに比べて重くなってしまうが、快適性は抜群だ。

自立式シングルウォールテント

設営の手間が最もかからないのがこちら。ダブルウォールよりも軽量だが、結露が発生しやすいというデメリットがある。

非自立式ダブルウォールテント

自立式よりもポールが少ないため軽量だが、少々設営に手間のかかるタイプ。耐風性の高いモデルが多いのも特徴。

非自立式シングルウォールテント

軽量化に特化して設計されたタイプ。そのため、トレッキングポールを使って設営するものも多い。居住性は他のモデルより劣る。

テントの選び方

日本の主流は ダブルウォールテント

＼抜群の居住性！／

ダブルウォールテントが日本の登山では使いやすい

フライシートとインナーテントの2枚の幕体で構成されるダブルウォールテントは、日本の登山シーンで最も使いやすいテントと言われており、初心者のファーストテントとしてもオススメです。

フライシートには防水性の高い素材が使われ、インナーテントには通気性のよい素材が使われることで、結露が極めて少ないことが特徴です。これは、フライシートとインナーの間に空気の層ができることで、外気の影響を受けにくくなるためです。また、入り口に前室と呼ばれる空間ができることでシューズを置けたりと、居住性も抜群。他のタイプより多少重量があり、設営撤収にも手間がかかりますが、それを補っても余りある快適性が魅力です。

ダブルウォールテントの特徴

前室が居住性を高める

入り口に前室と呼ばれる空間ができる。靴や荷物を置けるので、室内空間をより広く使うことができる。

空気の層で守られる

２つの幕体の間に空気の層が存在する。このため、室内が外気の影響を受けにくく、内部の暖気も逃げにくい。

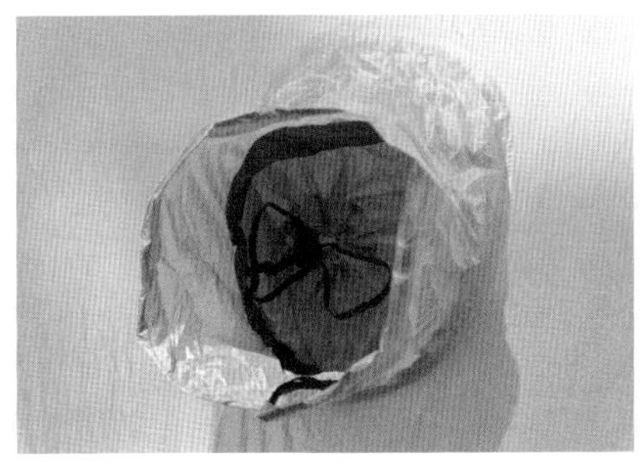

換気機能で結露を軽減

ベンチレーション機能により、シングルウォールテントに比べて室内が結露しにくい。寝袋が濡れる可能性も低い。

通気性の高いモデルも

インナーテントのメッシュパネルが豊富なモデルは、夏場の樹林帯のテント場などで快適に過ごすことができる。

CHECK

結露はなぜ起こるのか

就寝中の呼気や汗が水蒸気となり、室内の湿度が上がることでテント内に水滴として発生する結露。また、テント内外の気温差が大きくなることでも結露が発生しやすくなる。ダブルウォールテントのように、室内と外気の間に空気の層ができることで、結露発生を抑えることができる。

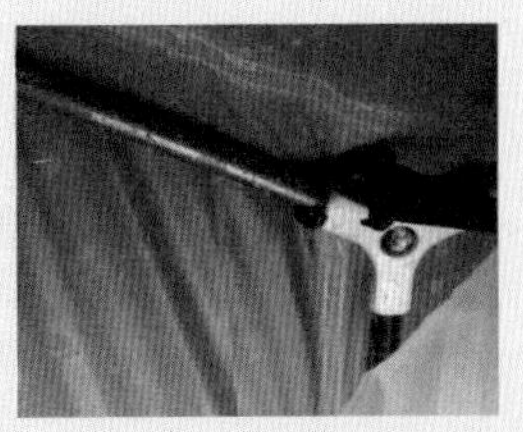

シングルウォールテントの利点を活かす

快適性よりも利便性の高さが特徴

風に強くて
壊れにくい!

メリット 設営撤収の手間が少ない、 風に強い

デメリット 値段が高い 、 テント内が結露しやすい

ダブルウォールテントに次いで使われているシングルウォールテントは、全体の30%ほどの利用率です。ダブルウォールテントに比べて設営撤収が素早くでき、総重量が軽いことも特徴です。また、自立式は風に強くて壊れにくいのも特徴で、アルパインクライミングや冬季縦走など、よりエクスペディションな登山をする人ほど、シングルウォールを使う傾向があるようです。

フライシートのないシングルウォールテントは、防水透湿性のある素材を使っているため、値段が高い傾向があります。もちろん、そうした素材を使っていたとしても、まったく結露しないわけではありません。結露対策として、室内のアイテムは防水バッグに入れて収納しておくとよいでしょう。

シングルウォールテントの特徴

軽いから広いモデルを選べる

2人用サイズでもダブルウォールテントより重量は軽い傾向がある。1人で使用すれば中は広々使える。ただし、前室はない。

風への強度が高い

自立式のシングルウォールテントは防風性が高く、風に潰される心配がない。ガイラインも確実に張って、強度を高めよう。

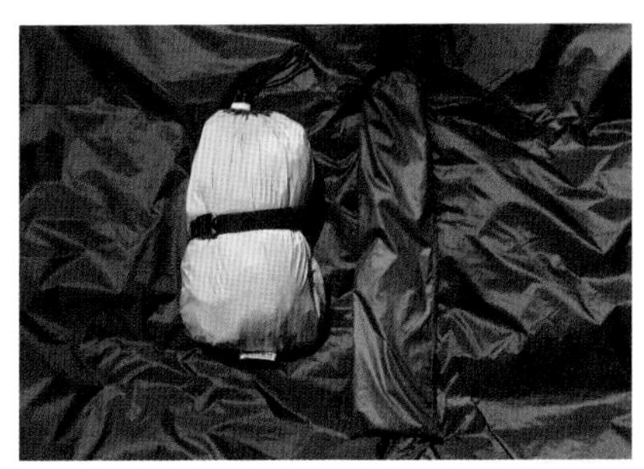

収納もコンパクト

自立式だとポールはあるが、幕は一枚なので非常にコンパクトに収まる。バックパック内でもさほど場所をとらないのも魅力。

軽さも魅力

幕が一枚なので、必然的に軽量性も高い。ダブルウォールテントよりも300～500gほど軽く、飲み物一本分の差がでる。

CHECK

結露対策は重要

シングルウォールテントにもベンチレーション（風通し）機能がついている。とはいえ、ダブルウォールテントに比べるとどうしても結露はしてしまう。ダウン製の寝袋は濡れると機能低下してしまうので、シュラフカバーを活用するなどしよう。

テントの選び方

ツェルトは持っておくべき

軽さは正義！日帰り登山でもマストアイテム

総重量は400gほど

メリット 圧倒的に軽くてコンパクト、乾かすのも洗うのもラク

デメリット 設営に手間がかかる、快適性は低い

ツェルトはフレームのない、いわゆる三角（A型）形状のシェルターです。最大の特徴は圧倒的な軽量性にあります。ダブルウォールテントの場合、ペグやガイラインも含めた重量は1400〜1500gほどになりますが、ツェルトの場合は総重量で400gになります。登山において、軽さに勝る正義はありません。

一方、透湿性がないモデルもあるので結露したり、地形によっては浸水してしまうこともあり、慣れが必要です。また、設営に手間がかかる点でも初心者向けではないかもしれませんが、体力に自信のない人には、この軽さは最大のメリットになります。事前に設営の練習をしておくなど、ツェルトを使うことに慣れておくとよいでしょう。

ツェルトの張り方

木のある場所を探す

まずは設営場所を決める。木があるところが理想。ない場合はトレッキングポールを支柱とする。底面を結んでおく。

先にペグダウンする

場所が決まったら、ツェルトを敷いて、四隅を先にペグで固定してしまう。ツェルトの下に石や枝があれば取り除いておく。

ガイラインを木に結びつける

木のある側は、目線の高さほどの位置でガイラインを結び、ツェルトの天頂部分と結びつける。

ポールにガイラインを結ぶ

反対側をポールで設営する場合、ポールを一番高く伸ばして、先端にガイラインを巻きつけて適度な位置でペグダウンする。

ブランケットなどを敷く

底面は端を結んでいるだけなので、エマージェンシーブランケットなどを敷いておく。これが浸水対策となる。

シューズは底面に収納

ツェルト内で寝る場合、中の道具は防水バッグなどに入れ、シューズは入り口側の底面下に忍ばせておけば水の侵入を防ぐ効果も。

テント以外の選択肢を知る

テントに比べて快適性は劣るが、軽量性に特化した選択肢

登山口近くのキャンプ場で試してみよう

メリット　テントよりも軽量、自然を感じやすい

デメリット　設営スキルが求められる、使用シーンが限られる

日本の登山でのオススメはドームテントだが、その他の選択肢についても触れておきます。ティピテントやフロアレスシェルターとも言われる非自立式のテントや、タープのみを設営してその下で眠る選択肢もあります。これらのメリットは圧倒的な軽量性にあります。テントポールはトレッキングポールを使うことで、テントの重量の半分以下にもなります。ただし、デメリットが多いのも事実です。

まず、密閉型ではないため室内の空気が対流してしまいます。肝心な熱を留めることができないのです。また、虫もたやすく侵入してきます。当然、雨風にも弱く、設営スキルも求められます。標高の低いテント場で、確実に好天に恵まれるときに使うのが望ましいでしょう。

タープの特徴

暑さや蒸れとは無縁

キャンプなどでもお馴染み、ポールとガイロープ、ペグを使って野外に屋根をつくりあげるタープ。開放的なため、暑さや蒸れなどとは無縁な反面、荒天にはめっぽう弱い。また、ガイロープを張り巡らせるため、設営スペースをとりがち。

フロアレスシェルターの特徴

密閉性はあるも室内は狭め

ティピテントとも呼ばれる、ポール1本とペグの張力で設営する非自立式テントの一種。重量に対して空間が広くなる点がメリット。形状によっては風にも強いが、広い設営スペースの割に室内空間は狭く感じる。混雑時のテント場での1人使用は避けたい。

ハンモックの特徴

快適なれど、スキルと経験が求められる

タープ同様軽量性は抜群。また、適切な気候や環境で使ってみると驚くほど快適だ。樹林帯で適当な樹間のスペースを見つけなければならないため、使える場所が非常に制限される。ハンモックだけで野営できるようになるには、スキルと経験が必要。

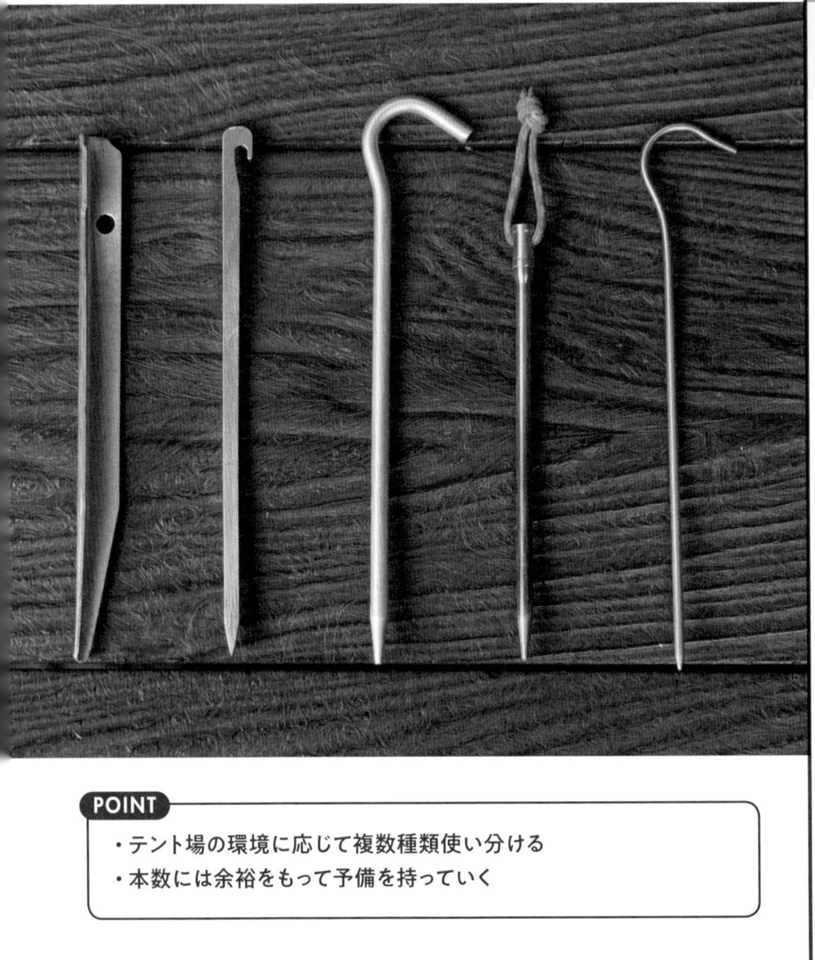

使う場所によってペグを使い分ける

ペグの使い分けと、ペグなしでも設営できるスキルを身につけよう

POINT

- テント場の環境に応じて複数種類使い分ける
- 本数には余裕をもって予備を持っていく

ペグはテントを購入した際に、概ね付属品として入手できるものですが、いくつか種類を持っておくと、あらゆるシーンで対応することができます。とはいえ、車で荷物を運べるキャンプとは違って、持っていけば持っていくだけ背負う重量が増えてしまう登山。向かうテント場の環境を事前に把握して有効なペグを厳選していったり、どのような状況にも対応できる汎用性の高いセットを自身で構築するとよいでしょう。

破損するなど不慮の事態に見舞われることもあります。テント設営に必要な、ミニマムな本数だけを持っていくのではなく、多少、本数には余裕をもって臨みましょう。また、テント場ではペグの忘れ物もしばしば見受けられます。持ってきている本数を把握しておきましょう。

ペグの種類

一般的なＶペグ

付属品としても一般的な、断面がＶ字型のペグ。軽量化のため、素材はアルミやチタンなどが採用されている。

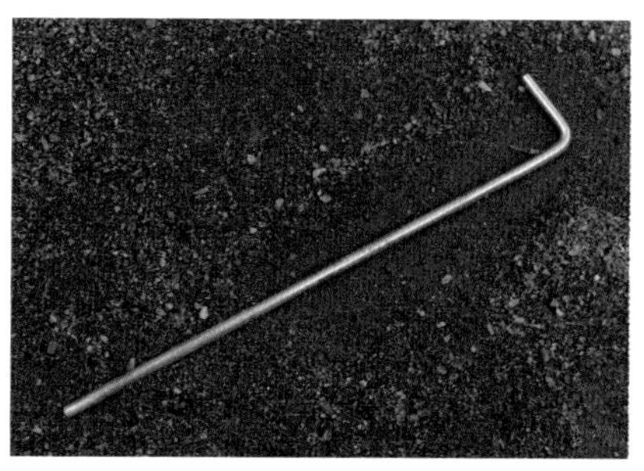

軽量化に特化したピンペグ

1本の重量が6～7gと軽量化に特化。その分、柔らかい地面では効きも悪く、堅い地面では無理に使用するとペグが曲がることも。

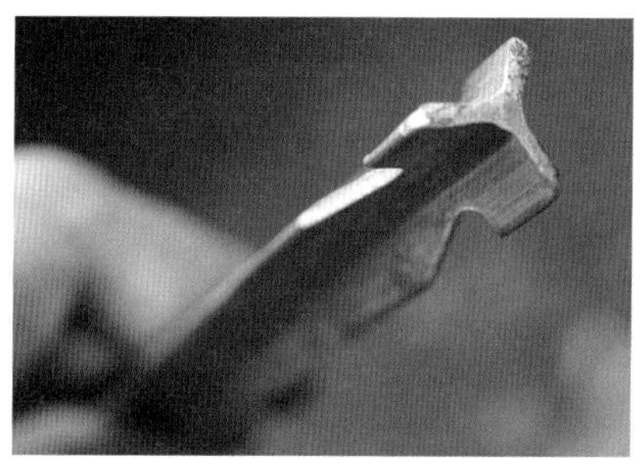

Ｘ・Ｙ字ペグ

断面がＸやＹ字の形状をしたペグ。Ｖ字ペグとさほど重量も変わらないが、効きも強度も向上している。抜けにくいので注意。

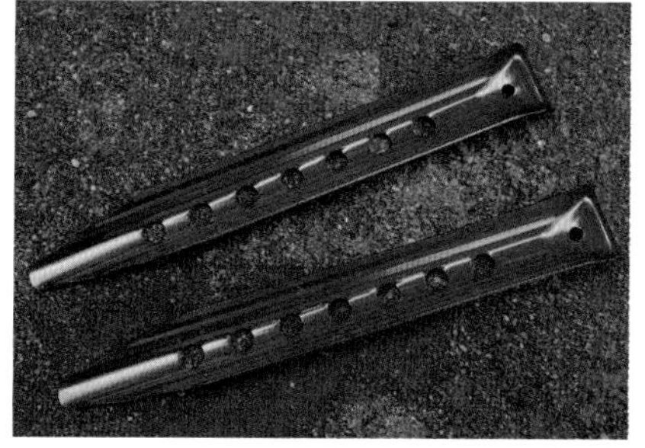

アンカーペグ

柔らかすぎる雪や砂の中に埋めて使用するペグ。また、ペグが大きいため、地面が堅い場合でも上に重いものを載せて固定しやすい。

CHECK

非自立式のテントの場合はペグのチョイスは超重要

自立式のドームテントの場合は、ペグがなくてもテントの形状にはなる。もちろんペグが不要なわけではなく、耐風性を高めるために必要なアイテムだ。一方、非自立式のテントの場合、地面に対してペグが効いていないと、設営そのものがままならない。いずれの場合でも、テント場の環境とペグの特徴は事前によく調べて把握しておくことが重要なのである。

ペグが効かないとき

地面が柔らかく（堅く）てペグが効かない場合

ペグにガイロープを巻きつけ、ガイロープの上に石など重いものを載せる。ガイロープを引いてみて、ペグが動かなければOK。

木に結びつける

適切な場所に立木があるところであれば、周囲に迷惑にならない範囲で直接ガイロープで固定するのも手。石よりも確実性が高い。

強度の高いペグを楔とする

堅い地面に対して、強度の高いペグを穴開け用に１本持っておく。これを楔として打ち込んでおくと他のペグも打ち込みやすい。

CHECK

ペグハンマーはあると便利だが

キャンプでも一般的なペグハンマー。ペグを打ち込むための道具だが､特に堅い地面でその威力を発揮する。抜けなくなったペグにも有効だ。ただ、重量もあるため、登山シーンではあまり使われない。現地で手頃な石を見つけることで解決させていることが多い。

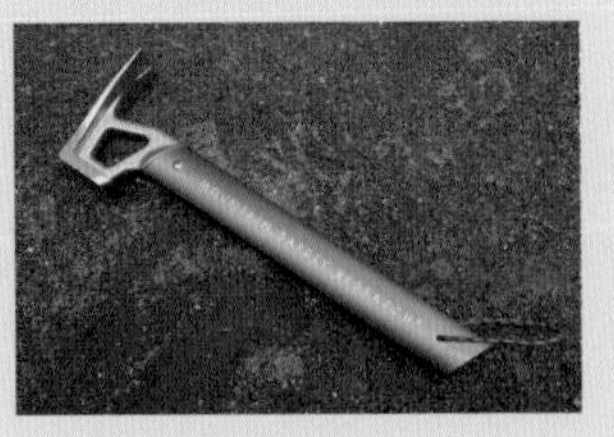

現地でペグをつくる

携帯型のノコギリを所持

ペグを忘れたり破損してしまった場合、現地調達でペグをつくってしまおう。携帯型のノコギリさえあれば、制作は可能だ。

枝を適当な長さにカットする

人差し指大ほどの落ちている堅い枝を探して、15cm ほどの長さにカットする。枝は必要なペグの個数に応じて集めておこう。

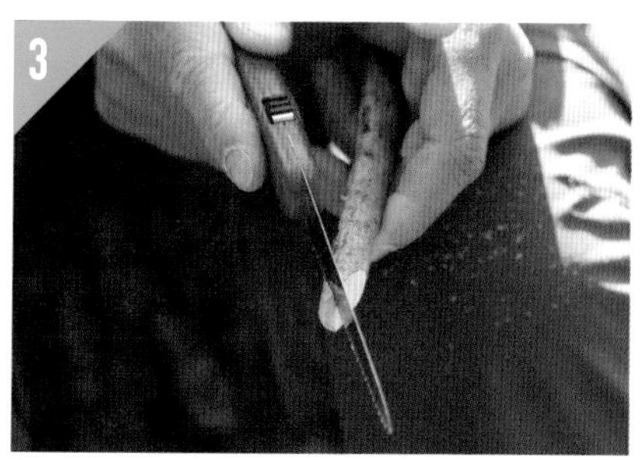

先端を尖らせる

ペグの長さにした枝の片側先端を斜めにカットしていく。3～4 回ほどカットしていけば先端が尖らせることができる。

ロープの引っ掛かりをつくる

枝のもう片側先端から 2cm ほどの位置に、ノコギリで切り込みを入れる。はじめに斜めに 1 回、そこに向けて直角に 1 回の計 2 回。

現地調達できる発想と技術は自信と安心感にもつながる

枝でペグをつくれると、ペグが壊れて設営ができない可能性に怯えることもなくなる。不測の事態に対応できることは、登山スキルの現れでもあるが、実はこれが大事。慌てることなく、冷静に対応できるよう、あらゆる経験を積んでおきたい。

マットの選び方

爆睡のために重要なスリーピングマットの役割

温度か、寝心地か、しっかりとした睡眠のために、重要視すべき要素を見極める

第2章（P62）や第5章（P118）で詳しく触れますが、テント泊山行で最も重要なのは「体力回復」です。そのためにはテント内でしっかりと〝爆睡〟できる環境を整える必要があります。

爆睡環境のために最重要になるのがマットです。自宅でのベッドと同じように、寝心地という重要な役割を担っているマットですが、登山では地面に熱を奪われることを防ぐ役割を担っています。テントの中で寝袋にくるまって、それでも寝ているときに体が冷えてしまうのは、地面からの冷えによる影響が大きいのです。テントや寝袋をいくらハイスペックなものを用意しても、マットの重要性を軽視していると快適な睡眠は得られませんので心しておきましょう。

爆睡に重要なマットは、種類や形状などさまざま展開されています。大きく分けて、エアマットとクローズドセルマットがあり、さらにエアマットにも自動膨張式と注入式と2種類に分けられます。それぞれ性能、寝心地、軽さ、収納時のサイズ、使い勝手など、選ぶ基準もさまざまで迷ってしまいます。そこで、第一に優先すべき要素として、しっかり眠れるか、で考えてみてはいかがでしょう。軽ければ軽いほど有利な登山ではありますが、睡眠に関わる装備には性能を惜しまないことも大切です。

人によって、寝心地の感覚は異なります。寒さに強い人もいれば、地面の堅さにこだわらない人もいますので、万人向けの正解はありません。まずは自分が眠るために、最も重要視しているものを見極めましょう。

エア注入式マットの特徴

メリット 厚みがあるので寝心地がいい、 コンパクトに収納できる

デメリット 穴が開くと性能が発揮できない、 ガサガサと音が気になる

畳めば小さく、膨らませたときの厚みも一番

空気だけで膨らませるため、収納時はコンパクトで膨らませると厚みが出る。ただパンクするとクッション性がなくなるので、扱いには注意が必要。

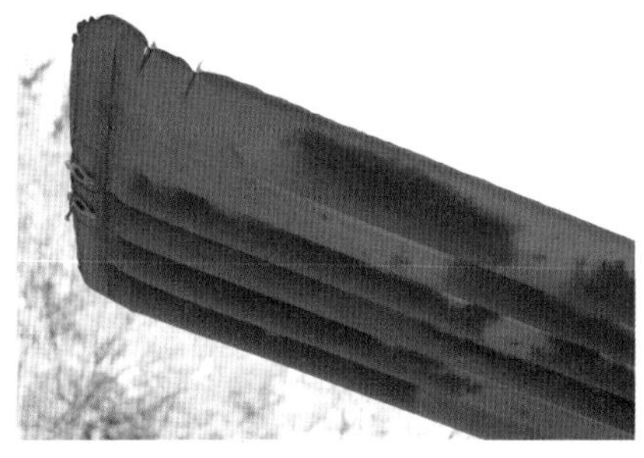

断熱性を高めたモデルも

内側に断熱性を高めたフィルムを採用したり、ダウン入りで保温性の高いモデルなど高性能なものもあるが、価格は高め。

コンパクトなので組み合わせも可

寝袋の中に入るコンパクトなタイプも。クローズドセル式と組み合わせて使用すれば断熱性も維持できるし、それほどかさばらない。

インフレーダブルマットの特徴

メリット 膨らませるのがラク、 地面の凹凸を感じにくい

デメリット エア式よりかさばる、 厚みもエア式に劣る

自動で膨らむため自動膨張式とも呼ばれる

バルブを開けると内側のスポンジが自動で膨らみ、最後に少し空気を注入するだけで眠れる状態になる。性能としてはエア式と同等だが、稀に故障することもある。

コンパクトモデルは組み合わせで

お尻までをカバーした、コンパクトなショートサイズもある。別途､座布団やピロー､バックパックなどと組み合わせることも可能。

バルブの扱いに注意

エア式と性能は同等だが、収納サイズはエア式よりもかさばる。また、バルブ部分など故障することもあるので扱いには注意。

クローズドセルマットの特徴

メリット	広げるだけですぐに使える、故障・パンクの心配がない
デメリット	収納サイズは大きくかさばる、薄いので地面の凹凸を感じやすい

ラフにタフに使える

エア注入式と比べてパンクの心配がないため、ラフに扱えるのが最大の特徴。設営時も広げるだけで展開可能なので、横着な人向け。

表裏を理解する

このタイプには表裏で色が違うモデルが存在する。大きく性能が変わるわけではないが、熱を反射する銀色面を体側にして使う。

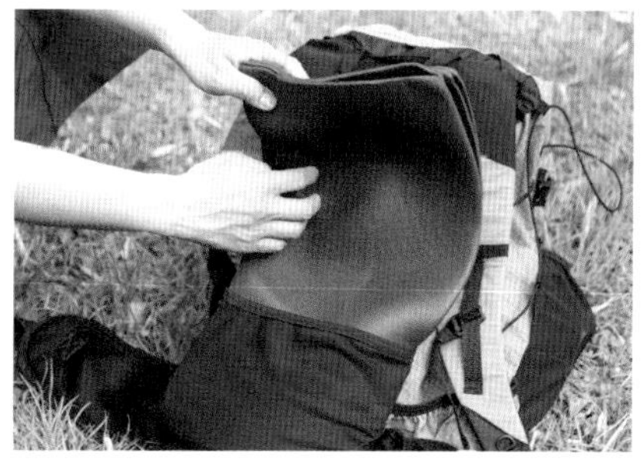

折りたたんで背面パッドに

バックパックのモデルによっては背面パッドとして収納できるものも。厚みはないのでエア式などと組み合わせて使いたい。

寝袋は軽量化よりも保温力を優先する

テントだけでは保温はしない 熱を留めるのは寝袋の役目

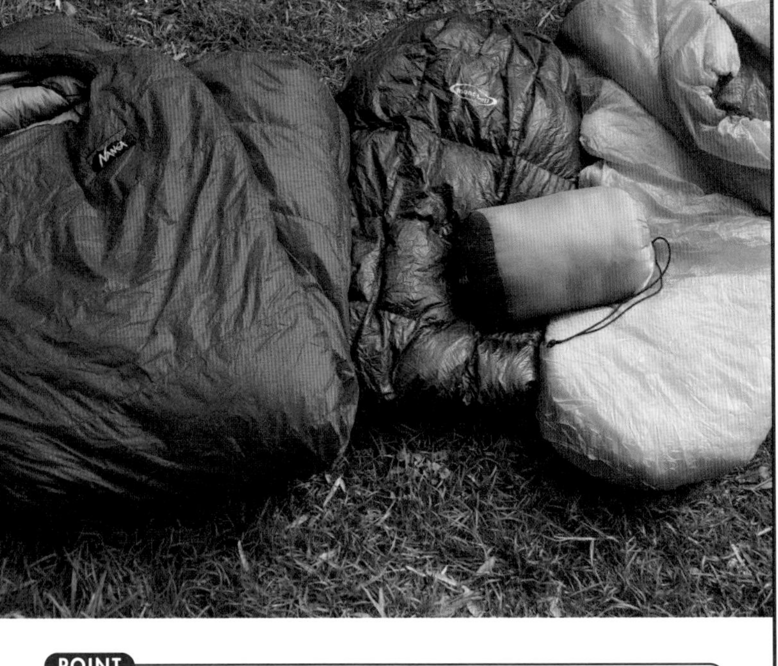

POINT
- 確実性の高い保温力をキープすること
- 主流はダウン素材

テントは雨風をしのぐもの、マットは寝心地と地面からの冷気を防ぐもの、でした。しかし、これらだけでは、体の周囲に熱を留めることができず、寒くて眠れません。寝ているときはテントの中は外気温と変わらないので、眠るために重要な保温を担うのは寝袋の役割になります。

寒さを感じることなく眠るためには、必要最低限の保温力では心許なく、必要十分な保温力が必要です。装備の軽量化は追求したいことではありますが、保温力については疎かにしてはいけません。無理な軽量化のために、体力が回復できないのでは意味がありません。保温力には十分な余裕をもたせるようにしましょう。持っていく防寒着と組み合わせて、十分な保温力を確保しましょう。

寝袋の特徴と選び方

化繊の特徴は

中綿も化学繊維でつくられた寝袋。その最大の特徴は、ダウンと違って圧倒的に濡れに強いところだ。装備を乾かすことができない山の中では、ダウンは一度濡れてしまうと致命的。一方化繊は濡れても絞れば保温力が回復する。長期山行などでは、化繊の強みが活きてくるが、重くてかさばるし、重さの割にダウンより保温性が劣る面も。

ダウンのフィルパワーとは

これは、28.4gのダウンに一定の荷重をかけたときの膨らみ度合いを示したもの。高級羽毛布団で650フィルパワーあるとされる。フィルパワーの高い製品のほうが、少ないダウン量で高い保温力を維持するため、総重量が軽くなる。しかし、水濡れによるしぼみのスピードも高くなる。最高級だからといってそれがベストとは限らないので熟慮しよう。

適応使用温度を把握する

寝袋のモデルを示す基準として、温度が記載されている。例えば、「T confort」や「T limit」と書かれており、これはconfortは女性が、limitは男性が、それぞれ寒さを感じることなく使用できる温度として書かれている。季節やテント場の気温を調べて、使用範囲外の気温になるようであれば防寒着としてダウンジャケットを持っていくなどで対処しよう。

撥水ダウンという選択

水濡れによるしぼみが弱点のダウン。外側からだけでなく、汗などの内側からの湿気にも影響されやすい。しかし、「撥水ダウン」と呼ばれるモデルもある。これは、繊維の1本1本に撥水加工が施されたもので、ダウンが水分を含んでしぼみにくく、乾きもはやいのが特徴。性能は素晴らしいが値段も高い。また、洗濯の度に撥水力が低下する。

CHECK

寝袋も状況に応じて選択する視点をもつ

寝袋の主流はダウンとなっているが、だからといって盲目的にダウンを使っていればよいというわけではない。使用するテントが結露しやすいものであった場合、濡れが弱点のダウンでは機能低下は避けられない。また、夏に長期縦走する場合、一度濡れてしまったダウンはその後ほぼほぼ使い物にならなくなる。使用する装備の組み合わせや、山行時期、計画内容によっては化繊のほうがリスクが低い場合もあるのだ。どんな道具にしても、状況に応じて的確に使い分けられる判断力が重要になる。

寝袋は「半分」でもいい 半シュラとキルトの実力

衣類もプラスして十分な保温力を維持する

メリット　無駄なく十分な保温力を維持して軽量化できる

デメリット　あらゆる場面で正解を導き出すための経験が必要

登山における軽量化の概念は、〝不要なものは持たず、必要なものはすべて持つ〟にあります。しっかり眠り、その日の疲労を回復させるために快適な寝具を用意することは、とても重要なことなのです。

しかし、寝袋には一部スキがあります。膨らむことで保温力をもつダウンの寝袋は、寝てしまうと自重で膨らみも潰れてしまい、背中側はその実力を発揮していません。一方、防寒着としてダウンジャケットを持っていくのであれば、それは寝るときにも使えるはずです。

背中側の防寒はマットに任せる、上半身の防寒はダウンジャケットもプラスして、オーバースペックなものに依存しない。これは〝不要なものは持たず〟の概念にあたるのではないでしょうか。

半シュラとキルトの特徴

背中のないキルトタイプ

自重でダウンが潰れてしまうため背中側の保温力は諦めて、背面側にスリットが入ることで軽量化されたモデル。保温性の高いマットと組み合わせればさまざまな環境で使用できる。完全に包まれるわけではないので、睡眠時の圧迫感がないのも魅力。寝返りを打つと冷たい空気が入ってきて寒さを感じることもあるが、ずれないようにマットに固定して使用できるのも特徴。圧迫感が睡眠の妨げになりやすいという人にはオススメ。

上半身はジャケットに任せる

主に下半身のみの寝袋のこと。半シュラ、半身タイプなどと呼ばれる。元々はアルパインクライミングの際の万が一のビバーク用として生まれ、その後クライマーの軽量化の手段として使われてきた。真夏の低山に限定すれば、圧倒的軽量化を図ることができるが、それ以外のシーンでは通常利用するには寒いかもしれない。

汎用性の高いブランケットタイプ

ブランケットのような形状をしているモデルで、まさに掛け布団のように使用できる。キルトタイプのような開放感もありながら、背面のホックとテープをつなぐことで、寝袋のような形状として使用することも可能だ。テント場滞在時などでは、腰に巻いてダウンパンツ代わりにして使うこともできる。フィルパワーの高いものや撥水加工されたものもあるなど選択肢も豊富に存在する。

ダウンの
濡れ対策に!

備えあれば
憂いなし

安心度を高める
道具を備える

あると安全性と快適性が格段に向上する
テント泊装備の名脇役

テントや寝袋、マットなど主要どころに比べると、なかなか名前が挙がらないまでも、テント泊を安心で快適なものにするための道具は他にもまだまだあります。実際のところ、なくても問題ないかもしれませんが、あらゆるリスクを想定して、備えておくことも、装備を考える上で重要なことです。

例えば寝袋について。再三ダウンの寝袋は濡れに弱いことに触れてきました。濡れたら使い物にならない道具は、大きなリスクを背負っています。それを防ぐために、寝袋用のレインウェアとも言える、シュラフカバーという道具もあります。濡れ対策になるのはもちろんのこと、空気の対流が防げるので冬季には寝返りによる温度低下を防ぐ効果が見込めます。

シュラフカバーで弱点を克服

寝袋に被せることで、濡れ対策になるだけでなく寝返りによる温度低下も防げるシュラフカバー。収納サイズはペットボトルほどで、重量も200g程度だ。

グランドシートの必要性

テントを保護する

どれだけ整地をしても、野外にテントを張る際には多少の地面の凹凸は避けきることはできない。そこに自分の体重も相まって、擦れることでテントの底面は破損しがち。そこで雨でも降ってきたら浸水は免れない。テント底面の保護のために、グランドシートは欠かせない。また、グランドシートが結露することになるので、撤収時にテント底面を乾かす手間も省ける。

グランドシートを取り出しやすい位置にパッキングしておけば、さっと広げて休憩時の敷物代わりにもなる。また、撤収時に広げておいて、パッキングする場としても活用できる。

緊急時のために備える道具

1 人工呼吸マスク
2 三角巾２枚
3 包帯
4 飲用薬
5 テーピングテープ
6 ピンセット
7 化学防護手袋
8 傷薬

テント泊山行でなくとも備えておきたい装備

ここで紹介している装備類は、テント泊山行だからこそ必要なもの、というわけではありません。しかし、日帰り登山に比べて長く山の中で過ごすわけですから、もしものときの備えは万全にしておく必要性はより高まります。単独行ではもちろんのこと、グループ登山においてもパーティーの中で、一式は揃っておくことが望ましいでしょう。

43ページで紹介するような、無線機や衛星電話などは用意をするにもそれなりの金額が必要になってしまいますが、命に関わる道具ですから、決して高価すぎる買い物ではないはずです。長期山行になればなるほど、さまざまなリスクに対応することが求められます。ファーストエイドキット含めて、装備品の内容も見直してみましょう。

不測の事態に対応する道具

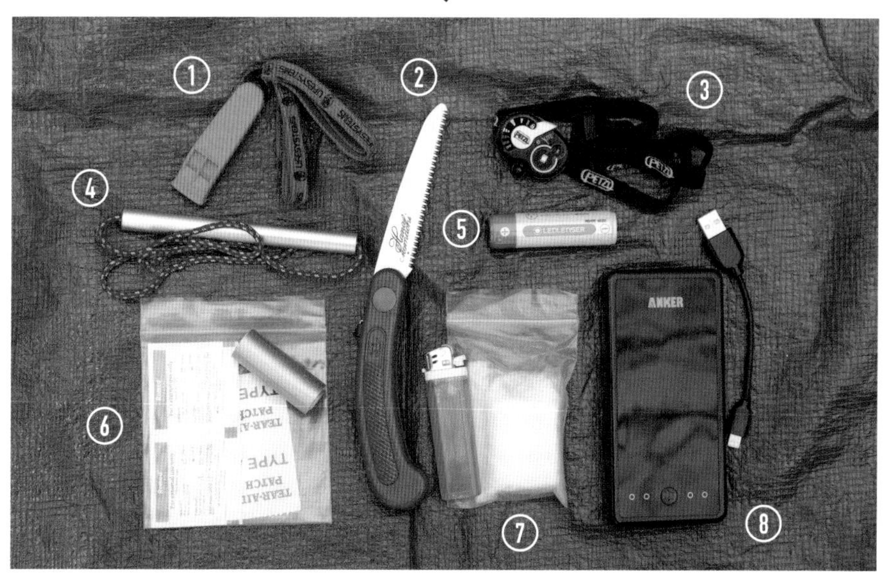

1. ホイッスル
2. ノコギリ
3. ヘッドライト（予備）
4. テントのポール補修アイテム
5. メインヘッドライトの予備バッテリー
6. ダクトテープ
7. ライターと固形燃料
8. モバイルバッテリー

衛星電話

携帯電波の届かない場所が多い山域。歩けなくなったり道迷いしたときに、衛星電話があることで救難要請を送れる。

デジタル簡易無線

仲間とはぐれたときなどに役立つ無線機。複数人とも交信でき、もしものときには知らない人に救難要請も可能。

パッキングのコツ

バックパックは45ℓから選ぶ

30ℓでも十分テント泊は可能

POINT
- バックパックの容量が大きくなればその分総重量は重くなる
- 初心者のうちから軽量化に対する意識をもつ

すべての荷物を入れるために入れ物から上限を設けて絞り込む努力を惜しまない

テント泊登山をするなら、バックパックは60ℓ以上のものを選ぶ、と言われています。しかし、大きければいいというわけではありません。荷物を詰めるということは、それだけ重くなることでもあります。なるべく体力を消費せずに行動するためには、可能な限り装備を絞り込み、軽量化を図る発想が必要です。もちろん、十分な安全を確保することは大前提ですが。

必要最低限の軽量化を考えるためにも、バックパックは45ℓサイズのものから選んでみてはいかがでしょうか。パッキングが上達してくれれば、日本の登山シーンにおいて、1泊2日程度であれば十分使えるサイズです。まずは容量の上限を決めて、そこに入る道具を選択するところから始めてみましょう。

シーン別のバックパックの目安容量

テント泊
1泊2日
30ℓ

とにかく軽くしたい ミニマリスト向け

圧倒的軽量が魅力。すべての装備を軽量なもので構成したいミニマリスト向け。慣れてくれば30ℓ以下でもテント場での快適性を損なわない程度の軽量化が十分図れる。

アジャイル 25 ／ 25ℓ（フェリーノ）

テント泊
1泊2日
40ℓ

長時間歩行でも疲労を低減する

重たい荷物をしっかりと支える背面システムを採用。長期山行でも疲れにくい。荷物が重たくなるのであれば、疲労が軽減できたり肩や腰に痛みを感じるようなモデルは避けるべき。

トリオレ 48+5 ／ 48+5ℓ（フェリーノ）

テント泊
3泊4日
50ℓ

1泊2日のテント泊なら余裕 完全防水でタフに使える

完全防水のアルパインザック。突然の雨でも荷物が濡れることなく、丈夫なので安心。タフに使えるのでさまざまなルートを選択できる。雨蓋をとればさらに軽量化が可能。

アルティメット 35+5 ／ 40ℓ（フェリーノ）

（問）株式会社アウトリンクス

パッキングの基本をおさえよう

パッキングのコツを掴めば荷物はより軽くなる

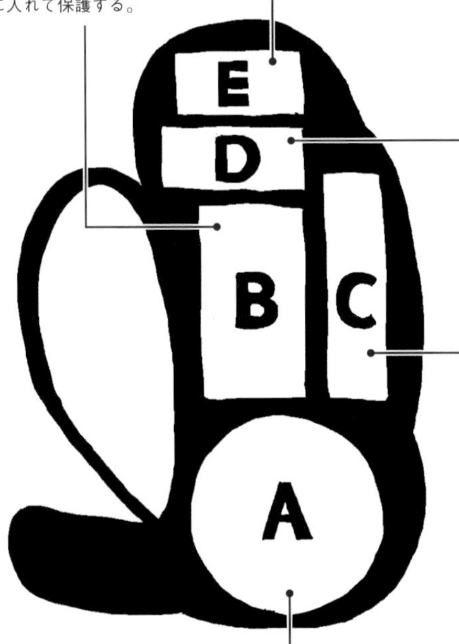

難度の高い山を登ることになれば、装備の小型軽量化が求められます。特に小型化はとても重要。バックパックが大きいと、岩場では不安定になり、強風にも煽られやすくなります。

登山においては「ベテランであればあるほどバックパックが小さくなる」と言われています。だからといって、必要な装備まで減らせるわけではありません。自分にとって必要最低限の機能と持つ道具がよくわかってきて、より厳選された道具が選ばれるようになるとともに、バックパックへの詰め方も磨かれていきます。こうした積み重ねの結果、バックパックがコンパクトになっても、十分な装備を持ち運ぶことができます。ここではパッキングのコツを一部紹介していきます。

パッキングの流れを確認

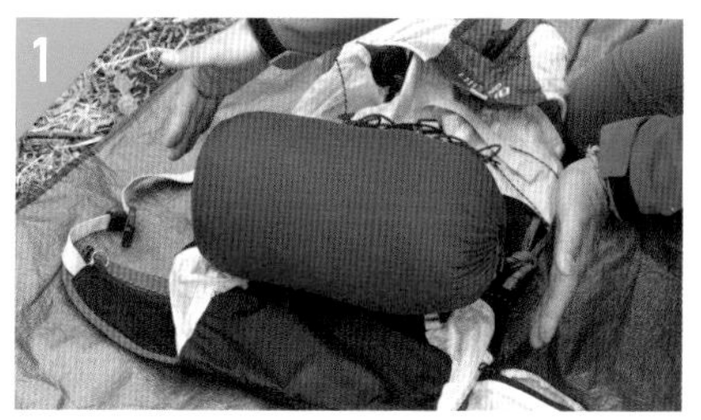

バックパックの幅に合わせる

最初に入れるのは寝袋。無駄なスペースが生まれないように、バックパックの幅に合うように押し込んでいく。

防水バッグを活用する

防水バッグを入れて、その中に荷物を押し込む。これで内部の防水対策もできるし、バックパックカバーよりも汎用性が高い。

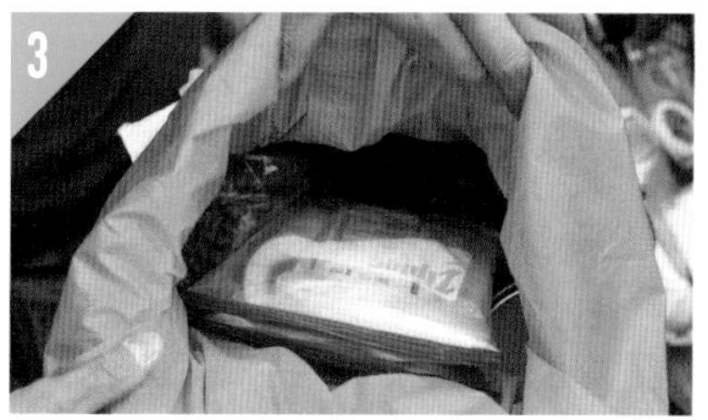

デリケートなものを背中側に

大事なもの、重いもの、壊れやすいものほど背中側に入れる。背中に違和感を感じるようであれば適宜調整すること。

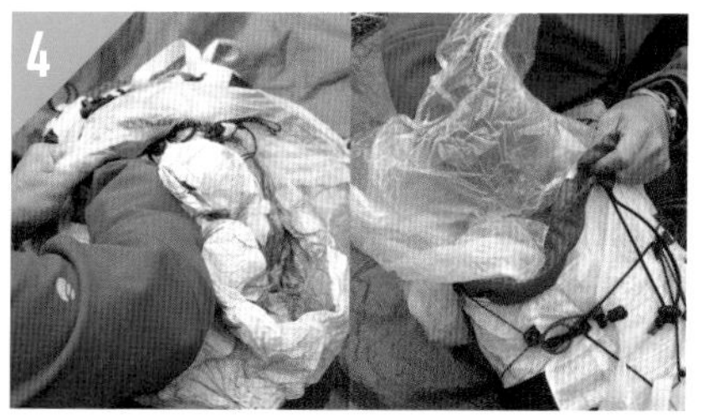

テントはゴミ袋に入れる

テントの幕体は専用ケースではなくゴミ袋に入れて、畳まずにＣゾーンの中に押し込む。ゴミ袋は濡れたまま撤収するときに便利。

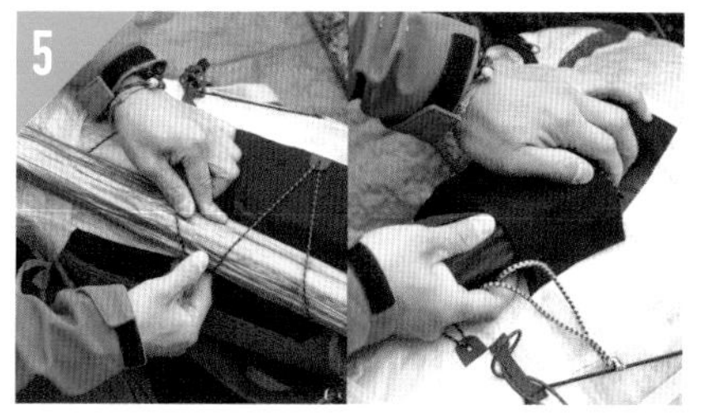

小物類は外ポケットに収納

ペグやグランドシートなどの小物類は外側に収納。水筒などの重量物は落とすと危険。サイドポケットに入れるのは控える。

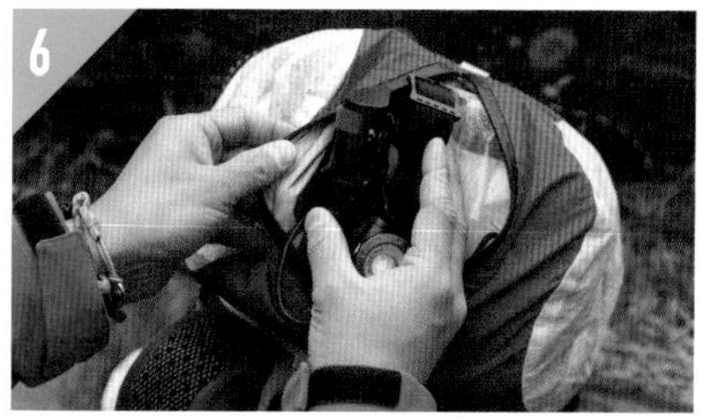

使うものほど上に

ヘッドライトなど、行動中に取り出す可能性のあるものほど上に。テント場に着いてからしか使わないものほど下でいい。

可能な限り圧縮してコンパクトに

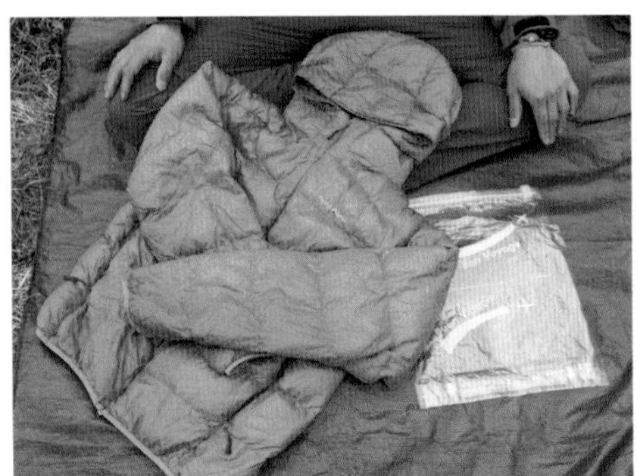

旅行用の圧縮袋を活用

ダウンジャケットのようなかさばる衣類は、旅行用の衣類圧縮袋を使って小さくコンパクトに。収納スペースにあわせて圧縮しよう。

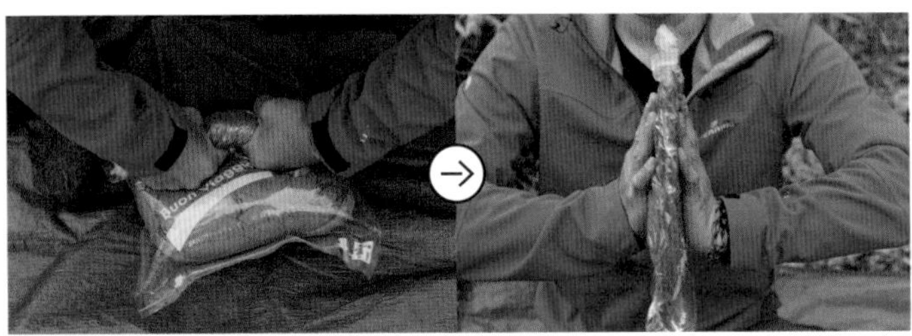

収納時の形状にもこだわる

平らにできるものを背面に

シュラフカバーやスリーピングマットなど平らにできるものはできるだけ平らにして、バックパックの形状に合わせて背面に入れる。

利便性を考えてパッキングする

水の運搬はソフトボトルで

水はソフトタイプの水筒で運搬する。行動中に飲用する分は、手の届く範囲で水筒やペットボトルなどに入れておく。

無駄なくパッキング

クッカーの中に無駄なクリアランスをつくらない。バーナーや食材などを入れ、スペースの有効活用。きれいに納まるものを探す。

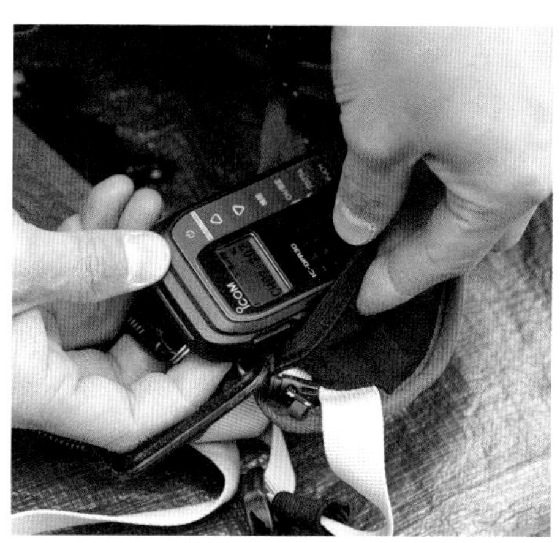

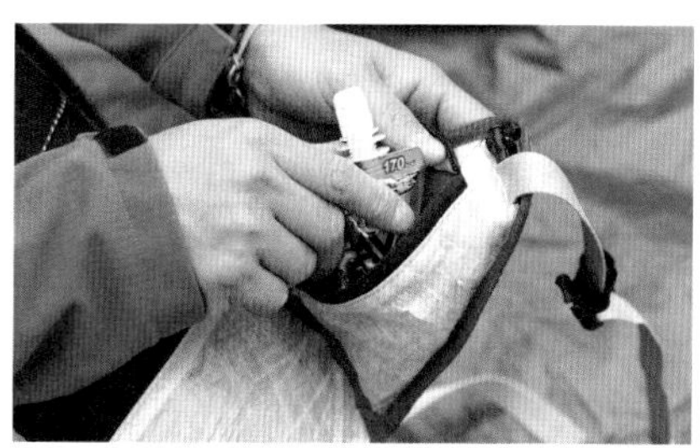

バックパックを下ろす行為は想像以上に体力を奪う。携帯電話、行動食、サングラスなど行動中に途中で使用するものは、サイドポケットやサコッシュ・チョークバッグなど手の届く範囲に収納する。

CHECK

バックパックへの荷物の取りつけ

バックパックの形状からはみ出るクローズドセルマットは、岩場や藪の中を歩くときに思わぬことでバランスを崩してしまう。マグカップをバックパックの外側にぶら下げるのも同様。枝に引っかかって、ともすれば斜面に落としてゴミにしてしまうことも。荷物は体から左右にはみ出さないよう、余計なものは取りつけないようにしよう。

装備の実例①

テント泊登山の装備一覧

必要最低限に絞れば30ℓでもテント泊登山は可能!

余裕を持った1泊2日のテント泊登山装備

テントはシングルウォールテントで、食料も山小屋に依存しない自己完結型のフル装備も30～40ℓに収まる。これでも削ぎ落としたわけではなく、ヘッドライトの予備やカメラ、モバイルバッテリーなど不測の事態にも十分に対処できる装備となっている。

1. 行動食+4食分の食料
2. 水筒
3. 食器兼調理器具
4. トレッキングポール
5. バックパック
6. 地図、コンパス、サングラス、チョークバッグ
7. ライターや補修アイテムなど
8. バッテリー、カメラ類
9. ヘッドライト(×2)、予備電池
10. ファーストエイドキット
11. トイレットペーパー、ハブラシ
12. 非常食、日焼け止めほか
13. 雨具、防寒着、着替え
14. 寝袋
15. スリーピングマット
16. テント装備一式

コンパクトなら快適かつ安全にのぼれる

30～40ℓ

SIDE

BACK

安定して安全な歩行が可能

60～70ℓものバックパックを使用すると、荷重が分散して体力が奪われやすい。1泊～2泊程度の山行であれば、30～40ℓ程度のバックパックでも十分に納まる。重心が安定するので疲れにくい。

小型化は安全にも大きく貢献

バックパックを小型化することによって、強風に煽られたり、岩などへの接触でバランスを崩すリスクを大きく低減できる。倒木の下や、岩の隙間を通過する際にも邪魔になりにくく、快適な登山を楽しめるようになる。

CHECK

カメラもコンパクトなものに

山での思い出を記録に残すために、多くの人がカメラを持っていくと思う。今では携帯電話でも十分精度の高い写真が撮れるようになったが、緊急時のために余計なバッテリー消費も避けたいところ。カメラも高性能ながらコンパクトなものも多くあるため、いろいろ吟味してほしい。

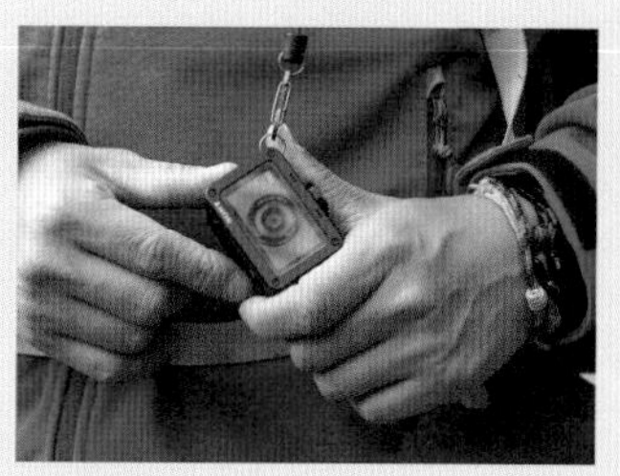

装備の実例②

テント泊登山の装備一覧 ～超軽量化編～

テント場での快適性はやや劣るが補ってあまりある軽量化の見本

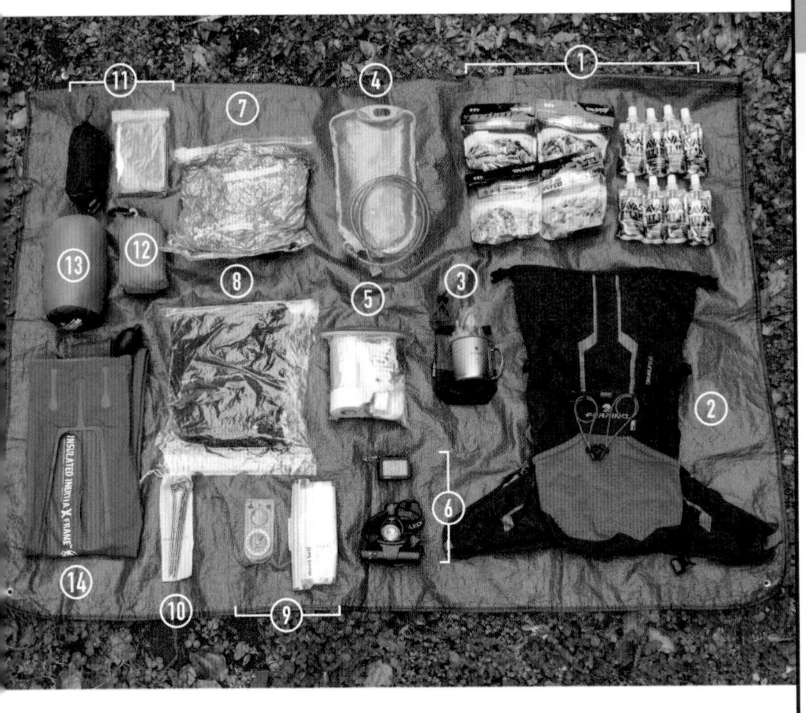

20ℓ以下の1泊2日のツェルト泊装備

ツェルトなので室内の快適性はテントに劣るが、あくまで寝る場所と考えれば遜色はない。また、食事も自炊できる装備と量を確保しているため、30ℓと装備品はほぼ変わらない。突き詰めればこれでもテント泊は可能だが、初心者は真似しないように。

1 行動食+2食分の食料
2 バックパック
3 マグカップ、固形燃料
4 ハイドレーション
5 ファーストエイドキット
6 カメラ、ヘッドライト
7 防寒着
8 着替え
9 地図、コンパス
10 ペグ
11 エマージェンシーシート、雨具
12 ツェルト
13 寝袋
14 スリーピングマット

より厳選することで20ℓ以下にすることも可能

参考写真はなんと12ℓ

SIDE

BACK

厚みもなく行動時も疲れにくい

バックパックはトレイルランニング用と、走る人に向けたモデルのため、非常にコンパクト。内部にハイドレーション用のポケットもあり使い勝手もいい。軽量のため歩行時の負担を軽減。30ℓ時よりも厚みもおよそ半分ほど。

すぐに使う道具は取り出せる場所に

これはクライミングを伴う山行時の装備のため、ビレイ（安全確保）待ちのときに体を冷やさないよう、レインウェアとツェルトはすぐ取り出せるところに配置。その日の行動中に何度も使う道具は、手の届くところに配置しよう。

山での楽しみも忘れない

カメラのほか、胸の収納ポケットにはドローンも収納可能。ただただ軽量化のために道具を削ぎ落としているわけではなく、山での楽しみも追求している。

自炊もできる自己完結型

マグカップの中には固形燃料と五徳とライター、風防までをも収納。これほどコンパクトになっているのに、山小屋に依存することなく自炊にて食事も完結できる。

PART 2 テント泊登山 ～計画編～

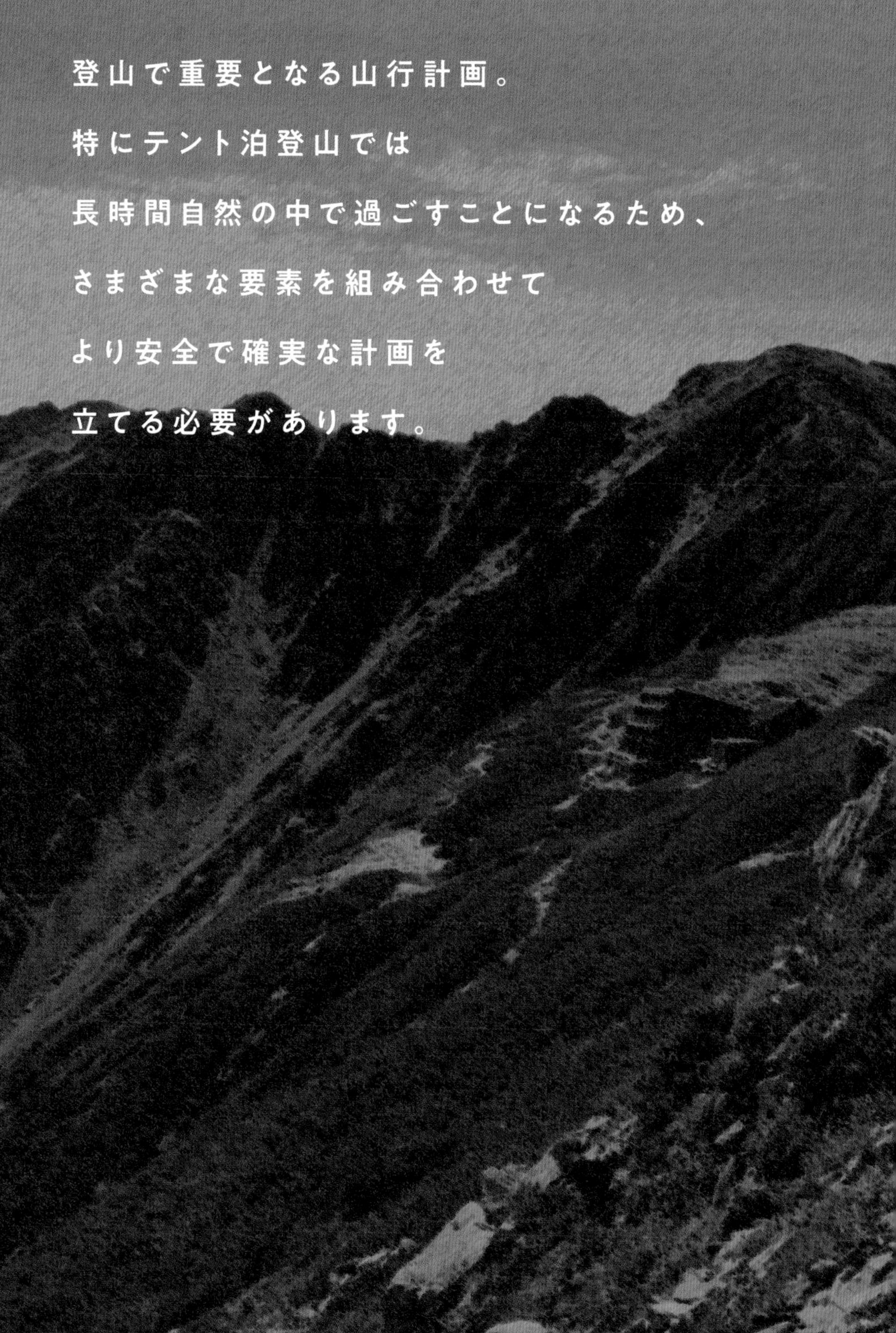

登山で重要となる山行計画。
特にテント泊登山では
長時間自然の中で過ごすことになるため、
さまざまな要素を組み合わせて
より安全で確実な計画を
立てる必要があります。

登山計画はスキルで考える

テント泊のあるパターンで登山計画を考える

POINT

登山計画は野営スキル次第で、選択肢が変わる。初心者のうちは、十分に余裕を持った行動計画を立てる。

初心者のうちから完成したスタイルのテント泊登山をすることはできません。本書の内容をそのまま実践したとしても、登山者一人ひとりにぴったり合うとは限らないからです。目的はなんなのか、見失わないようにしっかりと計画し、準備をすすめましょう。テント泊登山と一言で言っても、どこに宿泊地を設けるかでさまざまなスタイルがあります。どういうスタイルでテント泊をするかは、登山者のスキルによってかわってきます。最初から縦走型は無理ですから、まずは「テントで山に泊まること」だけを目標に、ベースキャンプ型のテント泊登山で場数を踏み、経験値を高めましょう。慣れてきたら、山頂直下型、縦走型と長い登山にステップアップしていきましょう。

テント泊登山 3つのステップ

❶ ベースキャンプ型

・比較的平坦
・日没まで余裕がある

❷ 山頂直下型

・すぐ日没
・険しい地形
・日の出が見られる

❸ 縦走型

・毎日設営
・移動が主

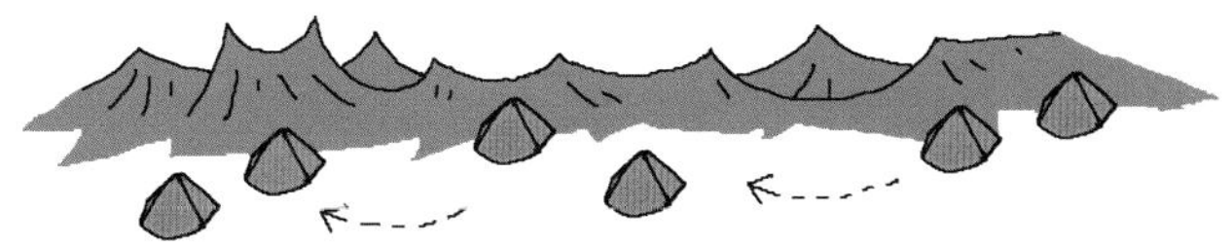

CHECK

技術向上にあわせてスピードアップ

テント泊のスキルとは、設営と撤収のスピードに現れる。経験を重ねるほどに、スピーディに準備し、休息できるし、起きてから出発までの時間も短縮され、行程に余裕ができる。また無駄な装備も減ってくるため、荷物が軽くなっていくのだ。

整った環境でスキルアップ

ベースキャンプ型

POINT

登山計画は野営スキル次第で、選択肢が変わる。初心者のうちは、十分に余裕をもった行動計画を立てる。

余裕をもって
アタック

山小屋

ベースキャンプ

メリット

・歩く距離が短く済む
・時間的、体力的に余裕がある

・トイレあり
・いざというときに逃げ込む

初めてすぐに完全なスタイルでテント泊登山をしようとしても、荷物が多くなり、準備にも片づけにも時間がかかり、なかなかうまくいくものではありません。まずは、麓に近いテント指定地にテントを張るようにしましょう。麓から比較的近いテント場であれば、テント設営時間に十分な余裕を生み出せるでしょう。日が暮れてしまうと初心者では思うように作業ができません。テントの設営や、食事の支度に手間どることを考えて、14時には宿営地に到着するようにスケジュールを組みましょう。テント泊登山は荷物が通常の1.5倍以上にはなります。2日目はここをベースキャンプとして、荷物を軽くして山頂をアタックするとよいでしょう。

時間を上手に使える

山頂直下 型

デメリット

- 気象環境が厳しい
- 時間的余裕が少ない
- 体力が必要

POINT

短時間でキャンプの設営・撤収ができるようになったら、 山頂近くでの野営にステップアップ。

何度かテント泊を経験し、設営や撤収、調理などが手早くスムーズにできるようになったら、山の麓付近よりさらに奥地へ入って、山頂から近いテント場にテントを設営してみよう。翌朝早くに動き出せば、山頂で朝日を迎えることも可能になります。これを実現するためには、山頂付近までテント泊の装備を担いでのぼれる体力や技術も必要です。また、極力無駄な装備を省けるほどの経験値が重要になってきます。目的は何かをよく考えて、その荷物は本当に必要か、いらない荷物のために、装備が肥大化していないか見極めて、割り切って計画をたてることが大事になります。山頂付近は天候も変わりやすく、気象の変化を先読みして計画を調整するスキルも求められます。

移動しながらのキャンプ

縦走型

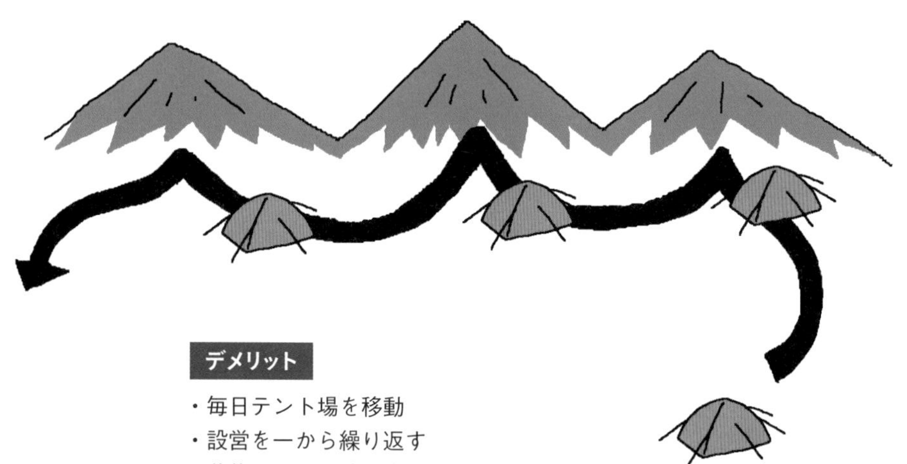

POINT

毎日テント場を変えながら移動していく。どんな場所でも速やかに設営・撤収できるスキルが必要。

いくつかの山を尾根伝いに移動しながらテント泊を繰り返す縦走型は、複数泊となることで持ち運ぶ食料や水などの量が大幅に増えます。また移動距離も格段に増えるため、より一層のスキルと工夫が必要になります。テントの設営、撤収のスピードはもちろん、移動中の疲労を軽減するためのパッキングの丁寧さも大切です。体力の消耗の低減またはその回復、計画的な食事と休息、行程が長くなることでの柔軟な天候の変化への対応など、要求されるスキルは膨大なものになります。いきなり全泊をテント泊にする前に、一部は山小屋を利用したり、前泊で麓のホテルなどを活用したりなど、無理のない計画を立てることも視野にいれたいものです。

場所を選ばず目的優先

ビバーク型

POINT
沢や岩場など、ビバークに適さない場所でも、うまく工夫して快適に過ごせるようになれば、上級者と言えるだろう。

ビバークとはテント指定地でない場所で止むを得ず行うテント泊を言います。岩のぼりや沢のぼりなどのアルパインクライミングにおいては、ルート上に山小屋やテント指定地が存在しません。このような場合、自分自身の力で現場判断し、ビバークを行う必要があります。岩場や傾斜地などで設営を行うことになり、過酷な自然環境下でどこまで快適な休息をとれるかの工夫を試す場でもあります。目的地には山小屋もありませんし、水の補給も難しくなります。準備段階ではより緻密な計画が求められ、現場では予想外の事態に適応できる幅広いテクニックが要求されます。細かく経験値を積み上げて、場所を選ばないテント泊スキルを育てましょう。

テント泊の目的は体力の回復

テント泊の快適さの追求が登山に必要な体力を回復させる

POINT
テント設営では、快適さの追求も重要になる。逆に疲れたり、寝不足になったのでは本末転倒だ。

なぜ、テント泊をするのか。日帰りでは行けない距離の山にのぼりたい、山頂でご来光が見たい、など理由はさまざまあります。ですが、一泊することで体力を回復させてさらに遠くまで辿り着けるようにする、というのが最大の目的ではないでしょうか。テント泊して逆に疲れが溜まってしまったら本末転倒です。しっかり休息が取れるように設営に工夫をしましょう。可能な限り平坦な地形の選択、充分な保温力をもった寝袋にスリーピングマット、周りの音をかき消す耳栓など、快適に眠れる環境を整えるようにしましょう。ただし快適を追求しすぎると荷物が重くなり、行動時に体力を消耗してしまいます。人によって許容できる快適の下限が違うので、個々で判断してそのバランスを見つけ出す必要があります。

テント設営4つのポイント

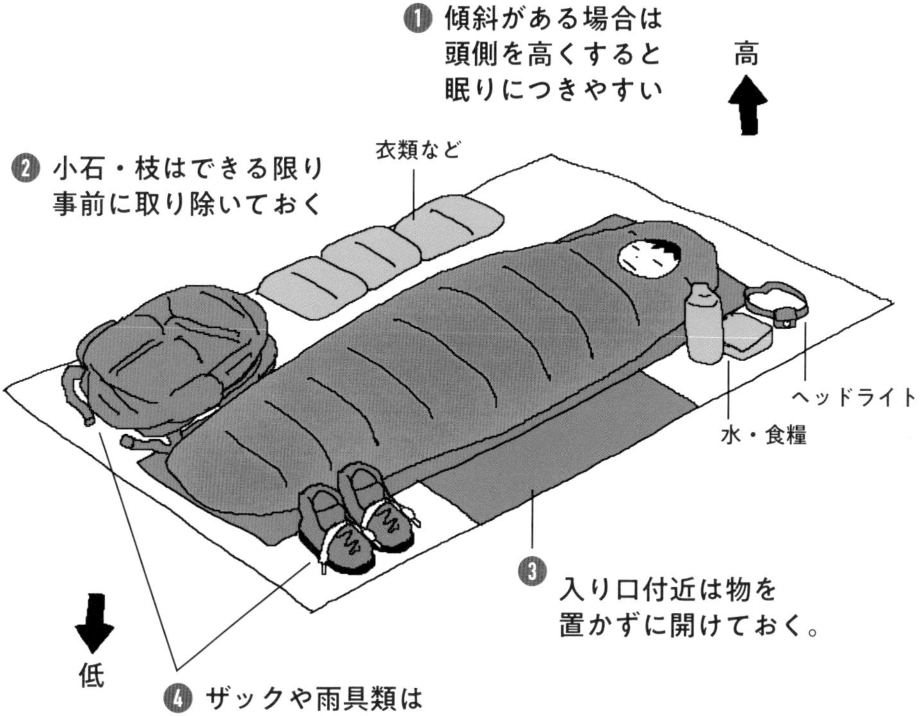

❶ 傾斜がある場合は
頭側を高くすると
眠りにつきやすい

高

❷ 小石・枝はできる限り
事前に取り除いておく

衣類など

ヘッドライト

水・食糧

❸ 入り口付近は物を
置かずに開けておく。

低

❹ ザックや雨具類は
足元に置いておく

CHECK

テントを広げる前に ていねいに整地しておく

地面の石や枝などは、小さいものでも寝るときには気になるもの。テントを広げる前にできるだけ取り除いて、快適な寝心地が得られるようにしよう。ちょっとした傾斜や、凹凸なども寝てみると気になる。平らなスペースを確保しよう。

1日目はなるべく平地で急峻な山域を避ける

POINT

- テント泊は準備や設営自体、負担が大きい
- まずは平地で休息をとることを優先して計画する

初心者のうちはラクをすることを考えよう

さあ、これからテント泊だ! と意気込んで買った新しいテントがあればどうしても使いたくなるものです。しかし、泊りがけの登山が初めてで、テント泊も初めて、というのであれば無理は禁物。まずは山小屋への宿泊や、近隣都市での前泊なども視野にいれて、日帰りではない登山の経験を積むことを優先してもいいでしょう。また、テントの設営に慣れていないのであれば、最初から高山地帯の指定地ではなく、平地に近いキャンプ場で練習がてら泊まってみることも考えてみましょう。テントを設営して、寝具や荷物を整え、食事の支度をすると、案外時間が経ってしまいます。あまり高くない山にテント泊メインでのぼってみるのも練習になります。

初心者にオススメの宿泊地

山小屋が隣接している

山小屋に隣接した野営指定地であれば、初心者にも安心。急な天候の変化でもいざとなれば逃げ込める。

森の中のテント指定地

風雨の影響を受けにくい森の中であれば、テント泊における気象的難易度を大幅に下げることができる。

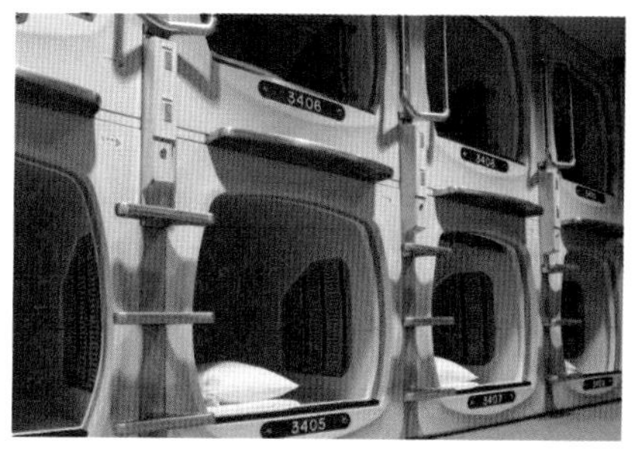

カプセルホテルも利用可能

登山はどうしても出発時間が早朝になる。その時間に登山口に着くのが難しい場合は、麓のカプセルホテルを前泊地にするのもアリ。

水の流れた跡がない

水の流れた跡や窪地などがあれば急な天候の変化で、いきなり水が流れる場所もある。地面を見て流れた跡があれば、そこは避ける。

CHECK

臨機応変に切り替える心の準備を

買ったテントをどうしても使いたい、あるいは、せっかく来たからにはテント泊をしたい、などこだわりがあるだろうが、天候や体調次第では山小屋泊に切り替えられるように。普段から柔軟な対応を視野に入れておくと、判断を誤らずにすむ。

登山計画の考え方

2日目は日の出の2時間前から行動開始

登山の基本は早出、早着!

テント泊ならば、2日目は早起きして行動

POINT

山小屋近くのキャンプ地や、頂上直下にテントを設営したなら、日の出2時間前に行動開始。昼間の時間を有効に。

テント泊の朝は早い。2日目の朝は日の出の2時間前から行動するのが基本となります。まだ真っ暗闇の中で起床することになるので、ヘッドライトはすぐに取り出せる枕元に置いておきましょう。登山の基本は「早出、早着」。可能な限り山の中での日没は避けるべきです。そのためにも日の出と共に行動開始して、充分に時間的余裕をもって次のテント場に到着したり下山したりするように心がけましょう。しかし実際にはさまざまな問題が起こります。慣れないテント泊装備で行動が遅くなったり、危険箇所の通過に想像以上の時間を要したり、雨が降ってきてレインウェアを着たりなど、予定よりも時間が遅くなることがあります。だからこそ余裕をもった到着時間の設定が大切です。

日の出から2時間でやること

体を冷やさない

朝食を終え、撤収準備を開始するまでは寝袋に入ったまま過ごす。すべての撤収作業が終わるまでダウンジャケットは着ておく。

荷物とゴミをまとめてテントを撤収

テントから出した荷物を置くシートがあれば便利。テントを持ち上げ、ホコリなどを入り口から振り落として収納する。

しっかりパッキングして移動

テント場まで来たのと同様に順序よくパッキングする。荷づくりが甘いと、2日目の移動で体への負担が増えてバテてしまう。

山頂までアタック

テントはそのまま、サブザックに必要な装備と食料や水、貴重品だけ持って山頂を目指してもいい。荷物を預けられる山小屋もある。

CHECK

使わないものから順に下に詰める。重いものは背中側に

行動計画を思い描きながら、使う可能性の高いものがザックの上側になるように詰めていく。つまり、使わないものほど先に入れていくことになる。寝袋は途中で使わないものの代表格だ。1泊の場合は2日目のテントも出番がなくなるが、2泊以上の場合は次のテント場で最初に出すことになる。また、重心が体幹に近いほど動きやすくなる。パッキングでは重いものを背中側に入れるよう意識しよう。

登山計画の考え方

おおげさなくらい
ゆっくり歩く!

コースタイムの1.5倍で計画を立てる

テント泊装備のときは普段よりゆっくり歩く

計画を考えるとき、移動時間の算出には登山地図などを利用し、記載されているコースタイムを参考にします。ですが、登山地図（山と高原地図：昭文社）に記されているコースタイムは、基準のひとつに「山小屋利用を前提とした装備」というものがあります。つまり、テント泊の装備重量を考慮した移動時間ではないということになります。これからテント泊で登山をしようとするときに、このコースタイムを元に登山計画を立てたらどうなってしまうでしょうか。重い荷物を担いで、計画通りの時間になるよう急いで歩くということは実際にはできません。無駄に疲労し、怪我のリスクも高まり、しかも時間どおりに目的地にたどり着けないという最悪の結果をもたらします。

テント泊装備のための登山計画を考えるにあたっては、示されているコースタイムの1.5倍の時間を想定するのがセオリーです。荷物が重いときは、おおげさなぐらいゆっくり歩くのが大事。少し登山経験者になると「初心者と思われたくない」などとちょっとオーバーなペースで歩きがちですが、それで休憩所で息を切らせてへたばっているようだと、かえって無駄に時間を浪費することとなり、まったくの逆効果です。テント泊登山では、荷物が少ないときよりもゆっくり歩き、十分な休憩もとることになりますから、コースタイムの1.5倍の移動時間で想定して、余裕をもった登山計画を立てるのが基本です。くだりも足腰への負担が増していますから、いっそう意識してゆっくり歩きます。

タイムロスを想定して

❶ 荷物が重いのでゆっくりと歩く

心拍数を一定に保って歩くことが重要。おしゃべりしながら歩けるペースを保つ。明らかに疲れなくなる。

❷ 休憩は最小限に！

重い荷物で何度も座ったり立ったりを繰り返すことが体力消耗に繋がる。休まず歩けるペースで歩こう。

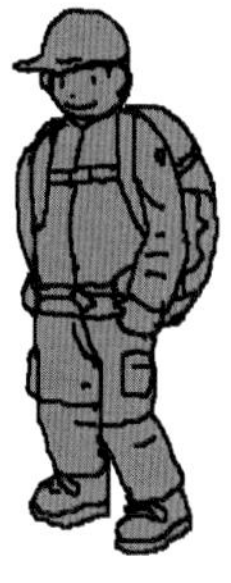

日帰り

テント泊

❸ 設営撤収に時間がかかる

テント場に着いたら受付をしたり設営をしたりと忙しい。そういった時間も考慮する。

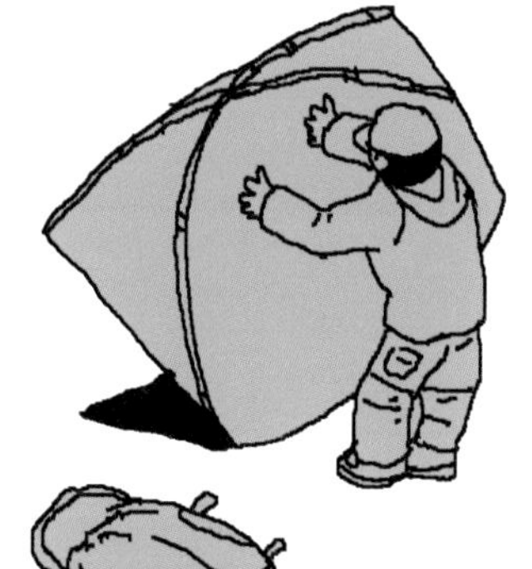

POINT

コースタイムは荷物が軽いときが基準。テント泊なら、1.5倍のコースタイムで登山計画を考えよう。

CHECK

タイムロスを想定して

1.5倍のコースタイムで計画しても、トラブルのリスクまでは盛り込んでいない。テント泊登山の場合、これまでの登山よりも行動の種類が増え、タイムロスしやすい状況になっていることを視野にいれて、常に前倒しで行動しよう

水と食料の運搬を計画する

山では
何を食べても
美味しい!

POINT
何をしに山に入るのか、優先すべきものは何かを忘れない。美味しいものを求めるのは上級者になってからでいい。

水と食料はどのぐらい必要なのか

日山歩きをして、空気と眺めのよい場所で美味しいものを食べるのはまさに至福のひとときです。苦労して重い荷物を担いできた甲斐もあったでしょう。しかしここで気づいて欲しいのは、たぶんそのときは何を食べても同じように美味しいということです。重いスキレットやコンパクトな炭火焼きのセットを持ち込んで新鮮な食材でつくったメニューと、簡素なコッヘルとストーブだけで湯を沸かしてつくったカップ麺と、荷物の重量に見合った差があるでしょうか。まずはテント泊を楽しんで、無事に下山すること。これを最重要課題として、必要とは何か、最低限とは何か、を念頭に置いてみてはどうでしょうか。アツアツの凝ったメニューはオートキャンプでも楽しめます。

失敗しない水と食料の計画

食料のカロリーを計算する

［登山で消費するカロリー］
体重（kg）× 5 Kcal × 行動時間
※さらに上記式に体型などで補正数を掛けます
※体重には装備も含めます

4200Kcal
（装備含め 70kg で往復 12 時間山行した場合）

＋

基礎代謝量
［生きてるだけで消費するカロリー］
3060Kcal × 2日
（30 ～ 49 歳男性体活動レベルⅢの場合）
※基礎代謝は日本医師会ホームページでの計算値

▼

［2日間のテント泊登山で消費するカロリー］
10320Kcal
この 50% ～ 60% を食料で補う

▼

［2日間のテント泊登山での目安となるカロリー量］
5160～6200Kcal
おにぎり換算で約 26 個
食事 6 回（3 個）＋ 休憩 8 回（行動食 1 個）
おにぎり 1 個 120g として 26 個では **3.12Kg**

軽量な食材に替えて、負担を軽くしていく

必要な水の量を計算する

脱水の補給
5g × 体重（kg）× 行動時間 × 80%
＝補給量

＋

調理に使用
500mℓ

＋

常備用 500mℓ

▼

約 4 リットル
（体重 60kg で片道 6 時間の場合）

途中に水場があることが
確認できれば、
その分減らすこことができる

▼

2.5～3 リットル

CHECK

下山して 500mℓ余るぐらいがちょうどいい水の量

荷物の軽量化にこだわるあまり、非常時に水や食料がまったくないという状況は、生命の危機にも繋がる。行動食は多目に携行し、水は麓にたどり着いたとき、500mℓのペットボトル 1 本は残るぐらいにしておくことがのぞましい。

ビールの労働対価は？

ビールと美味しいつまみは下山してからに

POINT

まず、何をしにいくのか見失わないようにする。登山をする。テント泊をする。慣れるまでは集中して。

山の上の美味しい空気を吸い込みながら、登山の疲れを一気に洗い流してくれる一杯のビール。きっと美味しいでしょう。でも350㎖で約370g。2本持っていくのなら740g。おつまみの缶詰なども含めると、それでもう1kg近くになります。近所のコンビニで買い込んで部屋で飲むのなら、それもいいでしょう。しかし、標高1000m〜2000m以上もの高山のテント場まで、自力で背負ってのぼるとして、その費用対効果はいかがなものでしょうか？　上級者になって、数kgの違いなど誤差だというぐらいまで経験値を積み上げれば、チョイスはお好みで結構ですが、初心者のうちは何をすべきか集中して、少しストイックな気分でもよいのではないでしょうか。

軽さを重視した登山食

インスタント食品が大活躍

お湯をかけて待つだけで温かい食事ができるインスタント食品はテント泊登山の主力食材。登山用のものもあり、種類も豊富。

軽量な調理器具をチョイス

クッカーとストーブは小型で軽量なものを選ぶ。ガスも新品の小型のボンベ1本あれば1泊2日で不足はない。

加熱しないで食べられるもの重視

ナッツやグミなど、お湯のいらない食材もオススメ。無駄に重くて食べてからゴミがかさばる缶詰類は避けておこう。

可能な限りモノを減らす

コーヒーが飲みたくて、コーヒーミルからコーヒーメーカーまで持って上がるのは辛い。インスタントなら数グラムで美味しい。

CHECK

いっそ食事は山小屋に頼っていい

テント泊をする、という目的に絞って考えるなら、最初からテントでの自炊を考える必要はない。宿泊はテントで行い、食事は山小屋でとるという選択肢もある。慣れてきたら少しずつ調理と食事も楽しむようにしていけばいい。

天候マージンは大きくとる

雨と寒さは大敵 道具ではなく計画で回避

悪天候なら中止の判断を！

POINT

雨と風、寒さは上級者でも危険なこともある。明らかに悪天候が予測されるときは、中止が基本。

登山にあたっては、休暇をとり、綿密な計画を立て、道具を買い揃え、荷物をまとめて自宅から目的地まではるばるやってきているわけです。わくわくしながら臨むので、多少の悪天候では希望的観測を拠り所に、どうしても決行してしまうように心が動いてしまいます。結果、遭難。あるいは大変な思いをして辛うじて下山してくることになります。初心者のうちにそんな目にあうと、もう懲り懲りとなり、テント泊登山の本当の魅力を知らずに終わってしまうかも知れません。天気予報など明らかに悪天候が予想されるときは、少し大げさに受け止めて、早い段階で登山の中止を考えましょう。雨は雨具で避けるのではなく、計画的に回避できるものだと知っておくことが大事です。

天候が悪化する予兆を知る

雨が降る理屈を知る

降雨は必ず科学的な理由がある。湿度が高いところに冷たい風が流れ込めば、雨は降る。仕組みを知っていれば予測もしやすい。

雷雨と濃霧は急にくる

平地とちがい、山は見通しが悪く、風が山に沿って急上昇や急下降をする。雷雨や濃霧はいつの間にかすぐ近くまできているものだ。

風向きを意識する

天候の変化は、風によるものが多い。風向きに注意を払えば、これから天候がどう変わるかある程度予測ができる。早めに判断を。

雨と寒さは体力を奪う

雨で濡れ、寒さで冷えると、体は一定の体温を保とうとエネルギーを使う。用意した行動食ではカロリーが不足する恐れがある。

CHECK

天気図と地図から天候を読む

気圧によって風の向きは決まっていて、低気圧なら中心に向かって反時計回りに風が吹く。低気圧の中心位置がわかれば、目的地での風向はある程度予想できる。斜面に沿って上昇気流が発生しそうなら雨や霧への警戒が必要だ。

基本は濡れないようにすること

そもそも濡れないこと 濡れたら帰ること

山で濡れると リスクしかない！

POINT

雨のテント泊登山は、あまりにリスクが高い。荷物は重くなり、体は冷え、乾いた着替えはない。まず濡れないことが大前提。

できれば「テント泊装備」で「初心者」で、しかも「雨天」などという三重苦は避けたいもの。衣類やシュラフなどを濡らしてしまうと、不快なだけではなく体を冷やして低体温症を招く恐れもあります。ザックへの浸水があれば、食料への影響や、スマートフォンやヘッドライトなどの破損の可能性もあります。さらに濡れることで荷物の重量もかさんできます。それだけ「濡れる」ということは大きなリスクを抱えています。ですので、テント泊登山では大前提として、まず濡れないことを目指します。天気予報で大雨であれば計画を中止するか、別の地域の山へ目的地を変更するなどで対策できます。回避が難しければ、早めにテント場に着き、テント設営後に雨をやり過ごしましょう。

濡れてしまったときのデメリット

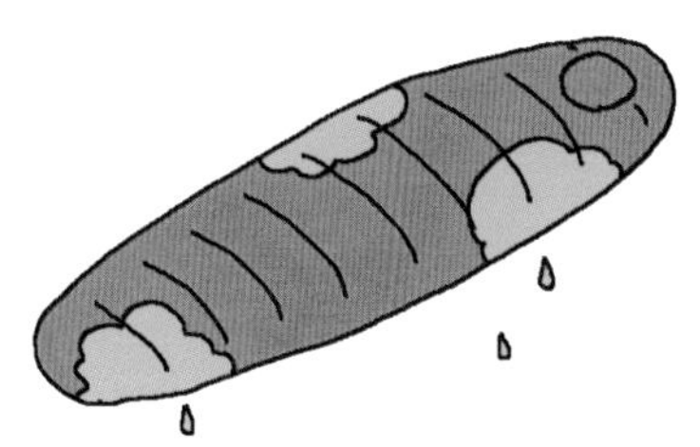

❶ 寝具が使えない

ダウン製の寝袋は濡れると重みで膨らまず、その機能を発揮しない。寒くて眠れなくなる。

❷ 重くなる

着ている衣類やバックパックなど、濡れることでじんわりと重量が増す。疲労が増すことに。

❸ 冷える

雨に濡れてしまうと体の熱は水分に奪われて、しまいには低体温症になる可能性もある。

❹ 着替えがない

乾燥した衣類がなければ防寒は絶望的。山では一度濡れたものを乾かすことは非常に難しい。

CHECK

雨天時のスピード撤収が命運を分ける

撤収時に雨が降って回避が難しいときは、テントやツェルトはバサッと畳んで大型のゴミ袋に入れてからザックにしまう。まずは移動してから、山小屋や麓の駅など濡れないところで改めて丁寧にパッキングをすればいいのだ。

まずは計画書の見本を参考に

見本を参考にしてポイントを外さないように

ベースキャンプ型計画書

時刻	行動	内容
5:00	起床	ごはん中心の朝食・身支度・荷物確認・出発
6:30	駅集合	チームメンバーと合流・行動計画を確認・乗車
8:30	登山口最寄り駅着	最寄り駅からはバス、タクシーで移動
9:00	登山口着・出発	登山口では登山計画書をポストに投函
11:00	昼食	1時間ごとに休憩しながら展望台着・昼食はおにぎり
14:00	キャンプ地到着・テント設営	テント設営場所の確保・設営・夕食の支度・山小屋の確認
17:00	夕食・就寝	夕食を楽しむ・明日の予定を確認・早めに就寝
5:00	起床	夜明け前に起床・朝食・給水・テント撤収・パッキング
7:00	キャンプ地出発	1時間ごとに休憩しながら行動食をとる
10:00	山頂到着	眺めを楽しむ・写真を撮る・下山開始
12:00	昼食	昼食は朝つくったおにぎり・下山ルートや健康状態の確認
16:00	登山口到着	近隣の温泉施設でリフレッシュ
21:00	帰宅	

登山をする場合、登山計画書は必須です。事前に作成し、登山前に所定の場所に提出します。スケジュールにロスがないように、あらかじめ提出場所や方法をしらべておきましょう。登山計画書は提出分以外にも、メンバーそれぞれが自分でもいつでも見られる状態で配布して所持しておきましょう。山行日程やタイムスケジュールなど逐一確認しながら登山ができれば安心です。

登山計画書に決まった形式というものはありません。ですが、最低限盛り込んでおくべき情報はあります。グループでのぼる場合、チーフリーダーかサブリーダーが作成します。一人で行くときや、自分よりスキルの低い人と同行するときより、同レベルの登山者同士のほうが分担しやすく計画の難易度は下がります。

山頂直下型計画書

時刻	予定	内容
5:00	登山口最寄り駅に前泊して起床	クルマで前夜に出発し、ビジネスホテル泊
6:00	ホテル出発	ホテルから登山口近くまでクルマ移動・駐車場は事前に調べておく
8:00	登山口着・出発	登山計画書をポストに投函
9:00	休憩は1時間ごとに	1時間ごとに休憩をはさみ、行動食をとる
11:00	昼食	展望台着・長めの休憩・昼食はおにぎり
14:00	宿営予定地到着・設営	テント設営場所の確保・設営・夕食の支度・山小屋の確認
18:00	夕食・就寝	夕食を楽しむ・明日の予定を確認・早めに就寝
3:00	起床	夜明けの2時間前に起床・朝食をとる・アタック装備で出発
5:30	山頂到着	山頂でご来光を堪能する・撮影
7:00	宿営地到着・撤収	テントに戻る・昼食をつくる・テント撤収・パッキング
11:00	昼食	昼食は朝つくったおにぎり・下山ルートや健康状態の確認
15:00	登山口到着	多めに休憩をとりながらクルマで移動
21:00	帰宅	

山頂直下型などステップアップしたテント泊登山をするとき、自分より経験が豊富なメンバーがいるパーティに連れて行ってもらうケースもあるでしょう。そのときもおんぶにだっこで任せきりにしないで、できるだけ登山計画書の作成に関わるようにすると、自分のスキルアップに繋がります。計画書を見るまでどこにいくのかもわからない、当日もただついていくだけ、というのも考えものですから、お茶でもしながらメンバーとの交流を楽しんで、計画を立てていきましょう。自分がチーフリーダーやサブリーダーの立場になるときは、逆に計画書の作成に他のメンバーも巻き込むように意識するといいでしょう。お互いのスキルをよく知っておくのも大事です。

登山計画の基礎知識

登山計画書提出の流れ

提出は必須項目!

書けたら届け出る 提出も計画のうちに入れる

POINT

登山するエリアの警察署と身近な人に提出する。 登山口にポストがあるところもある。

登山計画書をつくるときは、まず自分やメンバーの中でどういう登山にしたいか決めておくとあとあとスムーズに進められます。テント泊に行くなどの目的、誰と行くかのメンバーリスト、いつ、どこへのぼるのか、です。ここまで決まればあとは情報を集めて、鉄道などのアクセス方法から登山開始と下山完了の時刻が決まり、持っていくべき装備も決まってきます。山岳地図や登山地図を見ながらルートを考え、タイムスケジュールを箇条書きにしていきます。登山計画書を作成したら、現地最寄りの警察署と家族などの身近な人に提出します。いつまでに下山報告がなかったら救助要請してもらうか、などのルールを決めておき、下山後は必ず登山計画書を預けた身近な人に報告しましょう。

登山計画書提出のフロー

自由に検討

何をしにのぼるのか
いつのぼるのか
だれとのぼるのか

概要を決定

▼

計画を具体化

どこへのぼるのか
周辺情報を調べる
装備を決める
山行ルートを決める
スケジュールを決める
行動食を計画する

詳細を決定

▼

登山計画書を作成

メンバー表
装備表
行程表ルートマップ

メンバー（身近な人）に配布

→

登山計画書を提出

ネットで
郵送で
ポストへ

提出方法は事前に調べておく

▼

装備を整える

▼

出発

▼

目的地到着

▼

下山

下山管理をお願いしている人に報告

CHECK

登山計画書がないとどうなるのか

登山計画書の提出は任意だ。しかし、登山計画書の提出がされていない場合、誰がいつどこの山のどこにいるのかわからず、それでは捜索のしようがない。最悪、救助が遅れてしまう可能性もある。さらに場合によっては自殺の可能性も疑われてしまい、結果として死亡保険が適用されない、または事故が認められても大幅に支給が遅れるケースも起こりうる。登山計画書の提出は必須項目と考えて計画しよう。

登山計画書の書き方

テント泊のあるパターンで登山計画を立てる

登山計画書に必須の情報は、山行日程、山行山域、山行形式、下山係の連絡先、タイムスケジュール、概念図（国土地理院の地形図）、通常ルートとエスケープルート、個人装備リスト、団体装備リスト、参加メンバーの情報です。参加メンバーの情報は氏名（よみがなつき）、生年月日、血液型、住所、携帯番号、各自の緊急連絡先氏名と電話番号をリストにして添付しましょう。

リストにはチーフリーダー、サブリーダーが誰なのかも記入しておきましょう。その際、個人情報の取り扱いには十分注意します。グループ内でメンバーリストを配布して、トラブルの原因となったケースも過去に起こっていますので、下山後に回収して廃棄するなどの気遣いがあると安心です。

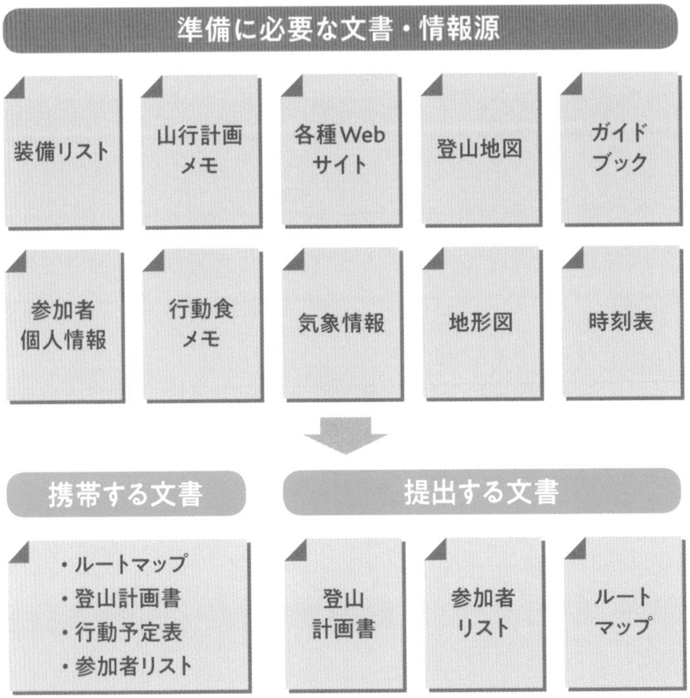

準備に必要な文書・情報源

- 装備リスト
- 山行計画メモ
- 各種Webサイト
- 登山地図
- ガイドブック
- 参加者個人情報
- 行動食メモ
- 気象情報
- 地形図
- 時刻表

携帯する文書

- ルートマップ
- 登山計画書
- 行動予定表
- 参加者リスト

提出する文書

- 登山計画書
- 参加者リスト
- ルートマップ

POINT

登山計画は、キャンプスキル次第で、選択肢が変わる。初心者のうちは、十分に余裕を持った行動計画を立てる。

テント泊登山向け登山計画書サンプル

作成日 20XX 年 00 月 00 日　　No. 1/3　通し番号 / 総枚数

登山計画書

団体名 団体名などを書く
目的山域 目的地を書く
登山目的 登山の目的を書く（例：テント泊体験）
駐車場所 駐車場名などを書く。または座標
登山日・下山日 20XX/XX/XX – 20XX/XX/XX

登山計画書提出先
下山管理係 提出先の部署名を書いておく
名前 提出先名を書いておく
電話 提出先電話番号を書いておく
提出先 ○○警察 or ○○登山ポスト

登山計画（行動予定）

1日目 00:00 ○○岳登山口出発
00:00 休憩地点（複数あればすべて）
00:00 テント泊予定地到着

2日目 00:00 テント泊地出発
00:00 ○○岳山頂
00:00 休憩地点（複数あればすべて）
00:00 ○○岳登山口到着

ルートマップ

総行程概略図（目安の時刻も書いておく）

共同装備 グループ全体で持っていくもの（緊急時や救急救命に関するものと情報）

- □ **ヒトココ ID:** ******-*** (ヘリコプター捜索サービス加入済み 電話番号)
- □ **衛星電話** ***-**-********** (緊急時以外は原則として電源を切っています)
- □ **デジタル簡易無線** ***.***** MHz (*****/ 秘話コード *****)

遭難時に必要な情報を書く

- □ **クライミングギヤ一式**（シングルロープ、ヘルメット、ハーネス、ガチャ類）
- □ **ビバークギヤ一式**（ツェルト、バーナー、シュラフ、マット）

遭難時に使える道具類を書く

チーフリーダー 個人情報 氏名 / 生年月日 / 血液型 / 電話番号 / 住所
緊急連絡先 家族など氏名 / 家族など電話番号

登山計画の基礎知識

山岳保険に加入しよう

遭難する可能性は誰にでもある 山岳保険は必ず入る

万が一、あなたが遭難したときは、救助隊が派遣されますが、この救助隊には公的機関（警察など）のものと民間機関のものがあります。公的機関であれば税金で救助活動を行いますが、民間機関であれば遭難者負担で行われ、あとで一〇〇万円以上の請求がきてしまう場合もあります。公的か民間かどちらが救助に来るかは、捜索される側では選べません。

そして、登山中に事故などで行方不明になった場合、遺体が発見されなければ7年間は生命保険がおりません。しかし、捜索にかかった費用などの請求は家族のもとに届きます。家族を失い、多額の借金も抱えてしまうとなれば、こんな悲劇はありません。そうならないためにも、登山保険に加入しておくと安心です。

登山保険の中には、用品の補償や、盗難補償があるものもあります。たまにしかのぼらないのであれば一回毎の保険を、年間何回ものぼるのであれば、年間契約の保険にするなど、自分の登山スタイルに合わせて選びましょう。登山保険は、死亡時保険もありますが、遭難時の被害を最小限にするのが重要です。登山保険と併せての加入がおすすめなのは、登山時に会員に発信機つきの会員証を貸与してくれるサービスです。遭難時はこの発信機からの電波を受信してヘリが急行。救出活動を行ってくれます。要救助者がいると思われる地帯の広範囲に信号を発信し、ダイレクトに発見できるため、早期の救助が行え、生存率が高いのが特徴です。

CHECK

技術こそが最大の保険

セルフレスキュー技術やファーストエイド技術を備えておくことも、生命維持においてとても重要。現場で一命を取り留め、救助機関、医療機関へと引き継ぐことで救命率は大きく向上する。今目の前で起きた事故に対応できる能力を身につけることこそ、最大補償保険かも知れない。大切な仲間の命を守るためにも、しっかりと技術を学んでおこう。

山岳保険のポイント

補償される内容は保険によってさまざま。 加入する保険がどこまでカバーしているか、 きちんと確認しておこう。 何度ものぼる場合は、 毎回事前に保険が切れていないかきちんと確認すること。

■ 救援者費用補償

遭難した際に捜索費用や救難にかかった費用を補償する保険。発見後の移送や入院なども補償の範囲内のことがある。加入した保険がどこまで補償されるか確認して、事前に家族にも伝えておこう。

■ 傷害保険金

登山でケガをした場合の医療費を補償するもの。保険会社によって補償されるケガの状況に違いがあるのでよく確認すること。天災によるケガや、クライミング（登攀）で発生するケガはカバーできないものもある

■ 天災に関わる保険

地震、噴火、津波などの災害に起因する事故やケガに対する補償をしてくれる保険。とくに噴火は登山に密接な関係があるので、補償内容や条件をくわしく確認しておこう。

■ 死亡保険・後遺障害保険金

登山時に死亡した場合、後遺症が残った場合に支払われるもの。病気に起因する死亡も補償されるものと、対象外になるものがあるので確認しておく。行方不明の場合は7年間死亡保険が支払われないことは知っておこう。

■ 携行品損害補償

自分の所有物を壊したときに補償される保険。道具類なら概ね補償内だが、どこまでが保険の適用範囲なのかは確認しておくこと。

■ 賠償責任補償

他人にケガを負わせたり、器物を損壊した場合に補償してくれる保険。1億円以上、中には3億円という高額の補償をしてくれる保険もある。この保険では自分の持ち物は補償されないので注意。

■ 山岳登攀保険

ピッケルを使った登山や、ロッククライミングなどの登攀に関する「山岳登攀」での遭難やケガを補償してくれる保険。補償内容はさまざまあるので、細かくチェックしておくこと。

■ 入院・手術保険金

登山でケガを負って入院や手術をした場合に補償される保険金。入院補償は1日あたり、手術は1回の事故につき、何回の手術まで補償するか決まっている。予め確認しておけば、万が一のときも安心だろう。

CHECK

72時間の壁との戦い

遭難した場合、72時間以内にみつかるかそうでないかで生存率が大きく変わってくる。登山計画書をしっかりつくり提出してあること、発信機などの早期発見のための手段を持っていることなどで、生きて下山できる可能性が高まる。

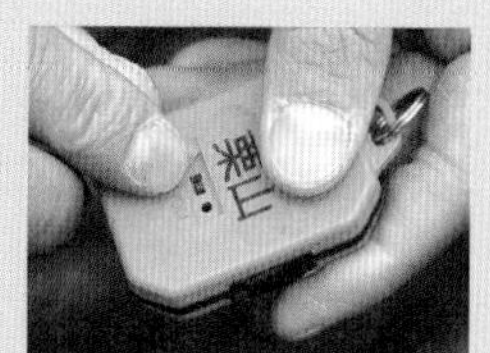

PART 3

テント泊登山 ～行動編～

綿密な計画のもと、
いざテント泊登山のスタートです。
日帰り登山に比べて
荷物が重たくなるテント泊登山ですから、
歩き方、のぼり方にも注意すべき点があります。

心拍数を上げない歩き方

心拍数が上がると
疲労も一気に増大する

POINT

- ・1時間に1回は休憩をとる
- ・一定の心拍数をキープして行動をする

登山における適正なペースは、一時間に一回休憩をとるぐらいとされています。え、そんなに長く歩けない、と思った場合は普段のペースがオーバーペースの可能性があります。心拍数が150や160を超えたり、頻繁に休憩して心拍数を上げ下げするのは心臓に大きな負担がかかり、よくありません。一時間は休憩せずに歩き続けられるぐらいのペースであれば、それがちょうどいいペースということになります。息切れせずに楽しく会話しながら歩けるぐらいの歩行速度ですと、心拍数が120程度になります。これはファットバーンと呼ばれ、脂肪燃焼が最も効率よくできる心拍数とされています。心拍計などで測って、ちょうどいいペースを把握しておきましょう。

低心拍歩行のポイント

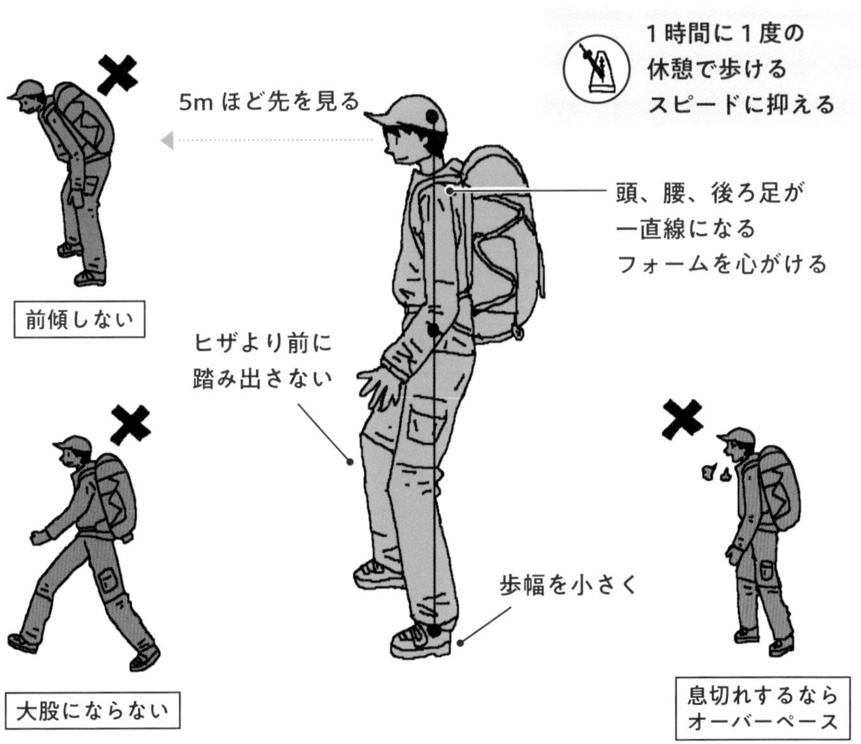

1時間に1度の
休憩で歩ける
スピードに抑える

5m ほど先を見る

頭、腰、後ろ足が
一直線になる
フォームを心がける

前傾しない

ヒザより前に
踏み出さない

大股にならない

歩幅を小さく

息切れするなら
オーバーペース

CHECK

ハートレートモニターを使う

ハートレートモニター（心拍計）は、スポーツ向けの商品が多く発売されています。腕時計型のもの、胸にセンサーを取りつけるもの、スマートフォンと連携できるものなど、機能も価格もさまざまです。予算と好みで選んでよいですが、登山におすすめなのは、防水性が高くＧＰＳ機能があるものです。ただ、他にＧＰＳなどを持っていて、心拍計の機能だけ欲しいのであれば、機能がシンプルで扱いやすいリストバンドタイプが安価でいいでしょう。精度的にも十分です。ブルートゥースなどでデータをスマートフォンに蓄積できるタイプなら、あとで歩行記録を参照できるので便利です。

脂質代謝型の歩行とは

糖質ではなく、脂質を代謝しやすい歩き方

ちょうどいいペースを保って心拍数を上げずに120近辺をキープすると、体は体脂肪が最も燃焼しやすくなるファットバーンと呼ばれる状態になります。この状態は心臓への負担も小さく、ダイエット効果もありますから、基本的にはこの状態を保つことを目指して歩きましょう。

ファットバーンになる心拍数は、最大心拍数の60〜70%と言われています。最大心拍数は年齢によって変わりますが、およそ220から年齢を引いたものが相当します。たとえば35歳であれば、220−35＝185になります。ファットバーンの心拍数は111〜129の範囲となります。つまり、心拍数120を目安に歩けば、概ねその範囲内で歩けることになります。

テント泊の場合、荷物も多いですからのぼりのペースは少しゆっくりめで、息切れがしない程度となります。一方、平地やくだりでは体への負担が少ない分、同じペースだと逆に心拍数が低めになってしまいますので、意識的に少し速いペースに切り替えるようにしましょう。

登山計画書にはその辺も考慮して、のぼりの多いエリアでは休憩と休憩の間を短く、平地やくだりの多いエリアでは長めのインターバルで休憩をとるように設定しておきましょう。また、グループでのぼる際には、それぞれのファットバーン心拍数を把握しておき、全員がその範囲内でのぼれるようにペース配分を考えるのもチーフリーダーの役目になります。登山計画書をつくる際の参考にしましょう。

POINT

心拍数120をキープしてファットバーンを保つ

CHECK

脂質の代謝は習慣が大事

たまの登山のときだけファットバーンにしても脂質代謝型のエネルギー代謝はできない。普段からウォーキングなどで心拍数を計測する習慣をつけ、ファットバーンを保つ運動を継続することで、脂肪が燃焼しやすい体になると言われている。

脂質代謝型歩行のポイント

自分のファットバーン心拍数を計算する

220 − [年齢] = [最大心拍数]

最大心拍数 × 60~70% = [ファットバーン心拍数]

グループのファットバーン心拍数を考える

25歳 117~137

35歳 111~130

45歳 105~122

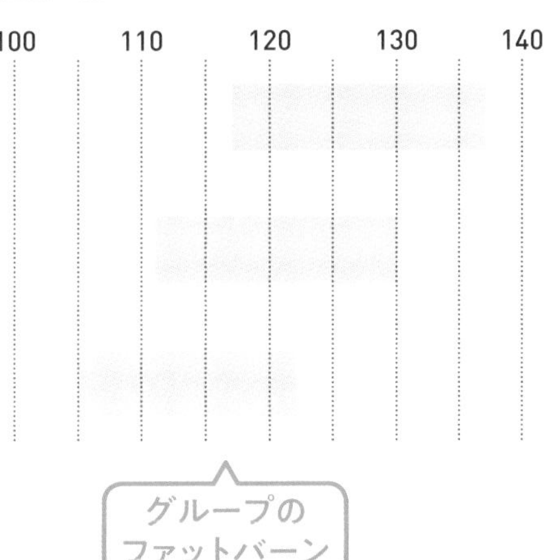

CHECK

脂質は半分が限度。行動食は糖質を中心に計画的に

1時間あたりに消費されるエネルギーはおおよそ700Kcal。ファットバーンで行動すればその内の半分までは脂質で補えるが、時間がかかるため全部をまかなうことはできない。同時に350Kcalの糖質を消失してしまうのだ。低血糖症を防ぐために、最低でもその半分の175Kcal程度は行動食で補給しておく必要がある。そこまで計算して、エネルギー化が早い糖質を中心にこまめな行動食を計画していこう。

行動食に必要な要素

移動時のカロリー消費を補う行動食の選び方・とり方

POINT

- 糖質と電解質の摂取を心がける。
- 一度にたくさん摂取せず、 こまめにとることが大切

登山において、「行動食」は非常に重要な要素のひとつです。日常生活なら、空腹を感じてから食事の支度をしても構いませんが、登山などのアウトドアの環境では、エネルギー欠乏による集中力の低下が重大な事故を引き起こす可能性もあります。糖質を計画的に補給して、ベストな状態をキープすることが重要になります。この補給のための食事を「行動食」と言います。基本的には一時間ごとの休憩時に、消化のよい糖分を多く含むものや、炭水化物を摂取します。また、脱水症状などの予防のために、塩分や電解質（ミネラル）も補給しておきます。でんぷん質はエネルギーになるまでに少し時間がかかります。即効性のあるブドウ糖や果糖の食品を上手に組み合わせましょう。

行動食におすすめのフード

手軽に食べられる 便利なエナジーバー

携行しやすく摂取も簡単で栄養が豊富。味も豊富でさまざまな種類がある。糖質の多いものが行動食には向いている。

すぐエネルギーになる ゼリー系食品

ダイエット系ではなく、高カロリータイプを選ぶこと。エネルギーのスピーディな補給と水分補給を同時にできる優れもの。

ナッツとドライフルーツ

果糖と炭水化物、ほどよい塩分、豊富なビタミンで栄養満点。温度変化にも強く、軽くて携行しやすい。保存も効く。

行動食の王様・おにぎり

でんぷん質と塩分・ミネラルを手軽に補給できる優秀な行動食。満腹感も得やすいので、中間地点など大きめの休憩時に。

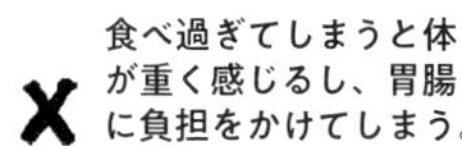

✕ 食べ過ぎてしまうと体が重く感じるし、胃腸に負担をかけてしまう。

✕ 行動中に空腹感を感じていたら遅すぎる。集中力が欠如する。

○ 休憩ごとなど、定期的に補給する。エネルギーを切らさない。

重量対カロリー比率を考える

無駄な荷物を減らして消費カロリーを抑える工夫を

効率の良いエネルギー補給を考える

POINT

荷物が軽ければ、必要なカロリーも下がる。効率の良い荷物と食料のバランスを極める。

なぜ、体の脂質を使って登山をするのがよいか、というとそれは、重量と内包するエネルギーを比較したとき、糖質や炭水化物に比べて脂肪が持つエネルギーが圧倒的に多いからです。エネルギー換算係数では、脂質は炭水化物の二倍のエネルギーを持っています。二倍もかさむ炭水化物を持ち歩くよりも、体に内蔵している脂肪を使ったほうがより荷物が軽くてすむというわけです。また、登山におけるカロリー消費は、「1・05×体重×METS係数×運動時間」で算出できます。METS係数は14・1kg以上の荷物であれば8・0と定められていますが、実際には荷物が減ればカロリー消費は減りますから、必要なカロリーが減れば行動食も減り、荷物がどんどん軽くなるわけです。

荷物の重さとカロリーのバランス

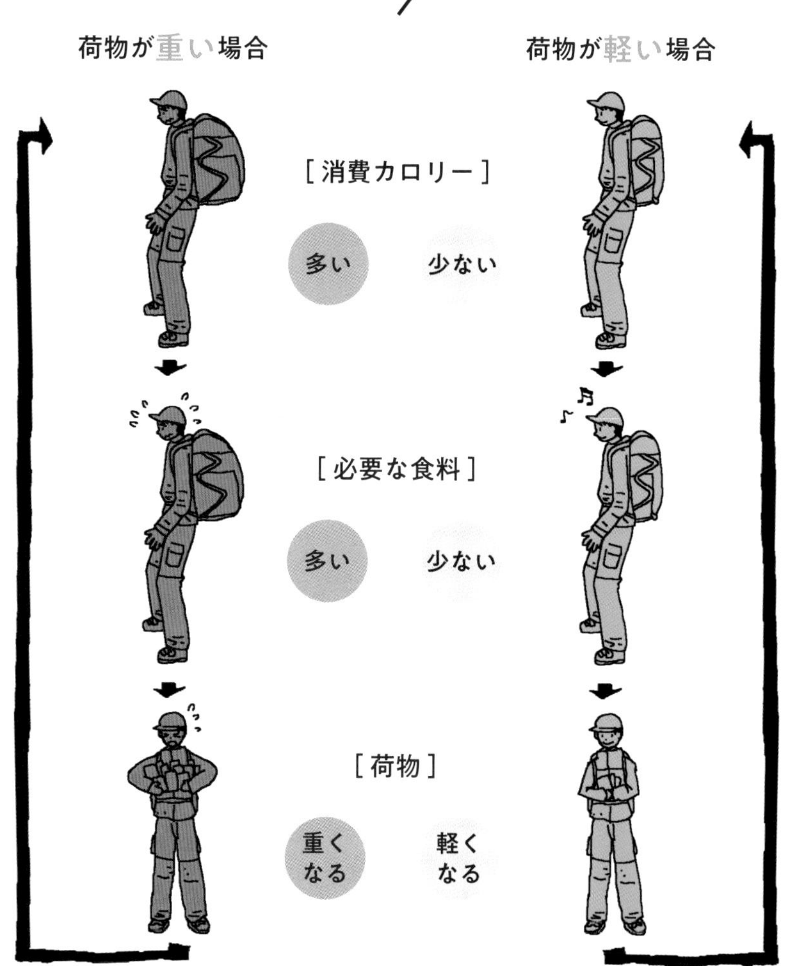

CHECK

炭水化物が脂肪を燃やす

心拍数をファットバーンでキープしていても、脂肪だけでは燃えない。脂肪を燃焼させるきっかけには、十分な炭水化物が必要になるからだ。おにぎりなどの食事でしっかり炭水化物をとってからのぼり続けることで、徐々に体脂肪が燃焼してエネルギーになっていく。すぐに燃える糖質を行動食として補給しつつ、あとから炭水化物、脂肪を燃やして、同時進行でバランスよくエネルギーを使っていくのだ。

のぼり・くだりの歩き方と正しいポールの活用方法

のぼりとくだりでフォームを変え、ポールを活用して歩こう

平常時の歩き方

頭から足までまっすぐ垂直に

頭の上から背筋、腰、足まで一直線な姿勢をキープする。体を前に倒すと自然に足が出るぐらいがよい。

荷物が重いと前傾姿勢になりがちだが、疲れやすくなり、また視界も狭くなる。

のぼりの歩き方

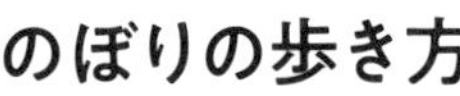

歩幅は小さく足は開き気味

足場をしっかり見ながら、できるだけ歩幅を小さくしてのぼる。足先を外向きにすると踏ん張りやすくなる。

着地するときはつま先だけにならないように。足裏全体で地面を踏み込む。

くだりの歩き方

衝撃は倍。ひざを上手に使う

くだりのときの衝撃は倍以上になるとも言われている。両ひざをやわらかく使い、できるだけ衝撃を分散する。

体が起きていると力が後ろに抜けて、滑りやすくなる。基本のフォームを守ろう。

ポールの活用方法

ポールはバランスをとるために使う

ポールで左右のバランスがとりやすくなる。推進力やブレーキ効果は補助的であり、バランスをとるためであることを意識しよう。

ポールを持っても基本姿勢は同じ

ポール（トレッキングポール）は体を起こして、ひじを90度曲げ、腕がまっすぐ前になるぐらいに調整する。寄りかかる姿勢はNG。

のぼるとき

のぼりではポールをストラップから外し、傾斜に併せて短く使う。基本に忠実に、肘の角度が90度になるように心がけよう。

くだるとき

くだりではポールのストラップに手を通し、シャフトを上から握って長く使う。段差では荷重を分散し、足にかかる負担を減らす。

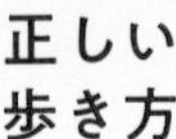

三点支持の基本とガレ場を安全に歩くコツ

ガケやガレ場を歩くときは足場に注意して確実に進む

\三点支持とは?/

両手、両足の四点のうち、三点でしっかり体を支え、残りの一点だけ動かして移動するテクニック。岩のぼりでは基本中の基本。

岩場に張りつきすぎないように体を起こす

怖くて岩にへばりついてしまうと踏ん張りがきかずかえって危ない。思い切って体を起こす。草や土ではなく、岩をつかむようにする。

ガレ場を歩くときの注意点

踏み込んだ岩が倒れることも

平坦なガレ場などでは、踏み込んだときに崩れる場合もある。完全に体重をかけず、すぐに次のステップに進める姿勢をとっておく。

不安定な岩に体重を預けない

ガレ場は不安定な岩が多いが、見ただけではわからない。三点支持などで体重を分散しつつ、一点に全体重をかけないように注意。

ロープや鎖を使ってのぼるときの注意点

ロープや鎖は補助。足でのぼる

体を起こしてロープや鎖をつかみ、足でのぼるようにする。三点支持は変わらないので、手足を1つずつ動かしてのぼっていく。

しがみついてもうまくのぼれない

ロープや鎖を使って岩場をのぼる場合は、しがみつくようにしても腕力だけでのぼることになり、うまくのぼれない。

PART 4

テント泊登山 ～設営編～

目的地のテント場に到着したら、
いよいよテントの設営です。
ここでは設営場所の選び方、
設営時のルールとマナー、
設営のコツなどを紹介します。
設営に役立つ簡単なロープワークも
紹介しているので、覚えておきましょう。

設営場所の選び方

テント設営が許可されている場所

定められた場所のみで楽しめるのがテント泊

守るべきは自然と命!

テント泊登山における絶対的なルールに、原則として「テント指定地でテント泊を行う」ということがあります。登山道は多くの方が訪れる場所であり、登山道及びその周辺の自然を楽しみに来ています。そのような場所でテント泊を行うとすぐに自然は壊され、回復には多くの時間を要します。原則としてテント指定地以外でのテント泊は避けましょう。

ただし、あくまでも原則であり、緊急避難時は例外とされます。ビバークの判断は早めに行うべきであり、無理して次の指定地まで歩き通そうとしないようにしましょう。この際も、可能な限り自然を破壊しないように心がけます。

自然公園法を理解しよう

- 環境大臣は国立公園について、都道府県知事は国定公園について、特別地域を指定することができる。
- 特別地域内であっては許可を受けなければ「工作物を新築し、改築し、又は増築すること」をしてはならない。
- 非常災害のために必要な応急措置として行う行為は、この限りでない。

非常時に一時的にテント設営することは認められている

自然公園法でいう「工作物」とは、容易に撤去できないようなものであることを意味する。容易に撤去できるテントでも、許可なく設営することは禁じられているのだ。ただし、非常時に一時的に行うビバークは別だが、自然を破壊しないように心がけるのは言うまでもない。また、アルパインクライミングなど、登山道以外の場所を歩く登山を行う場合のビバークにおいても同様。屎尿は水源から離れた場所に行い、トイレットペーパーは必ず持ち帰る。沢床以外での焚き火は緊急時以外行わないなど、誰も来ない場所であってもしっかりと自然を大切にしよう。

CHECK

避難小屋の利用マナー

いくつかの山域ではテント泊が許可された指定地がまったくない山もあり、かつ、踏破するには体力的に困難なルートもある。登山経験が浅いうちは、そうしたルートを選ばないことも大切だが、経験を積んだとしてもケガをしたり悪天候に見舞われる不測の事態は免れない。

そうしたときのために避難小屋が設置されている山域も少なくない。これも原則的に非常時に使用が認められているもので、あらかじめ避難小屋に泊まることを想定した計画を組むことが許されているわけではないので注意。実際に非常事態で逃げ込んできた登山者が、避難小屋が満員で利用できないなんてことが起きてはいけないのだ。

知っておくべきテント泊の基本のマナー

多くの人が気持ちよく過ごせるようマナーを守って野営に臨む

テント場は楽園だ!!

山でテントを張れる場所をテント場、テン場などと呼びます。山の中の野営場、キャンプ場と考えられるでしょう。山の中ではどこでもテントを張っていいわけではなく、指定された場所で行う必要があります。もちろん、そこを利用するからには、街で暮らすのと同じように守るべきルールがありますし、誰もが気持ちよく過ごすために、心得たいマナーもあります。

　また、5月以降から紅葉の時期のハイシーズンともなれば、テント場は多くの人で賑わいます。到着時間が遅いと設営場所が限られていたり、狭い中での設営を余儀なくされてしまいます。初心者のうちは時間に余裕をもって到着できるように計画を立てましょう。

基本的なルールとマナー

予約はマストではない

山小屋での宿泊と違い、テント場は予約が必要ない。とはいえ、テントが張れる数には上限があり、場所によっては要予約なところもあるため事前に調べておきたい。

テント泊は指定された場所で

地図などにテントのマークが描かれた場所がテント泊が可能な場所。事前に料金や水場の有無、設営可能数などを調べて、持っていく装備や到着時間の参考にしよう。

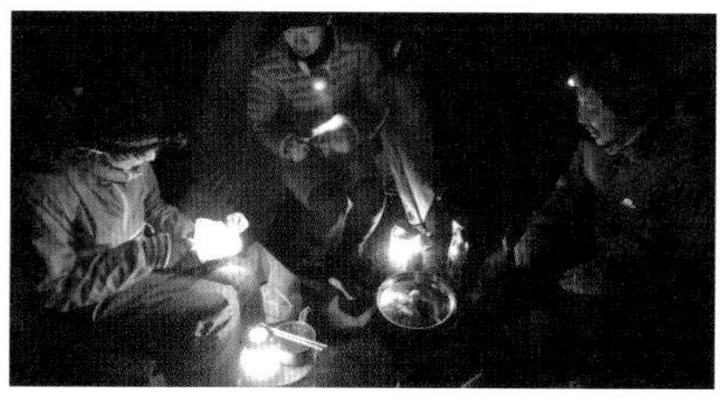

夜は静かに過ごすこと

テント場にはさまざまな計画を立てている人がいる。早朝に出発するために早めに就寝している人もいるので、夜になって大声でしゃべったり大音量で音楽を聴くなどはNG。

暗くなる前に到着すること

テント場のテント設営数に限りがあるのはもちろん、場所によって快適度が変わる。基本的に設営場所は早い者勝ちなので、暗くならないうちに到着できるよう計画を立てよう。

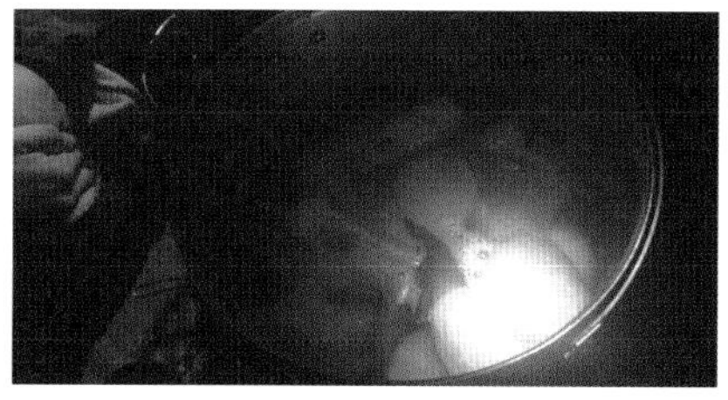

ゴミは必ず持ち帰る

自分で持ってきた飲み物や食材のゴミは必ず自分で持ち帰ること。残り汁は飲み干し、食べカスはペーパーで拭き取り持ち帰る。これはテント泊に限らず鉄則である。

混み合う時期はゆずりあい

混雑期は隙間がないくらいテントが並ぶ。一人一張のテントで臨むとそれだけ場所をとってしまうので、グループ登山の場合は2人用以上のテントを選ぶなどの配慮が必要。

テントを張るのに適した立地・適さない立地

初心者のうちは森の中のテント場がオススメ

テント設営ができるところは限られていますが、その中でもできる限り快適な場所を選びたいものです。そのためには早めに到着するとともに、快適に過ごせる条件を把握しておくべきです。といっても、テント場でそこまで劣悪な環境はありません。混み合った際に、多少先着順で差が出る程度です。

ただし、そもそも山頂近くのテント場なのか、森林限界以下のテント場なのかで大きく環境が異なります。不慣れなうちは森林限界以下の木々が生い茂る環境でのテント泊をオススメします。山頂近くのテント場では重たい荷物を背負って長時間のぼらなければなりませんが、森林限界以下であれば行動時間も比較的短く、雨や風など自然現象からも木々が守ってくれます。

テント設営に適した場所

できるだけ平らなところを探す

心地よく眠るためにもテントを張る場所はできる限り平らな場所を見つけたい。岩の上では背中はゴツゴツするし、テントの破損にも繋がる。また、傾斜があるところも避けたい。

森の中であれば安全で安心できる

これはテント場そのものの環境によるが、できる限り木々に囲まれた場所を選びたい。風や雨の影響をダイレクトに受けなくて済むし、ロープワークを駆使した設営も行いやすい。

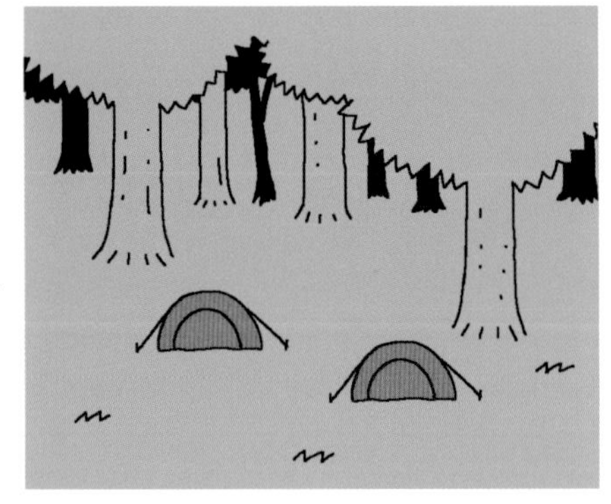

テント設営に適さない場所

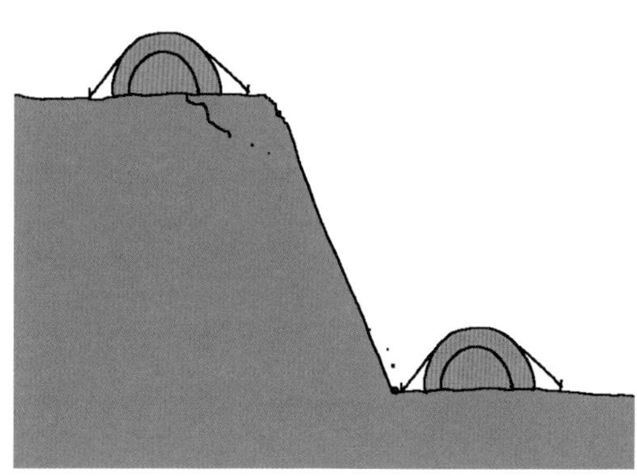

崖下や崖上は絶対に避けること

テント指定地ではこのような危険な場所はないが、混雑していると崖上ではないにしろ風の影響を受けやすい場所しか空いていないことも。緊急的にビバークするときも、なるべくこうした場所は避ける。

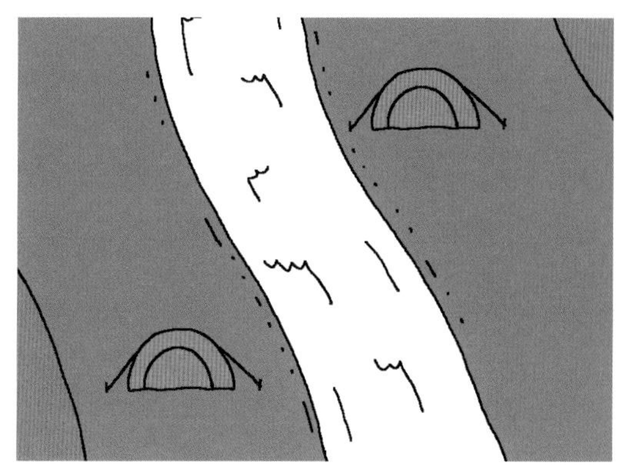

低地や窪地 川の近くは避ける

川のすぐ近くは急な増水の危険もあり設営はNG。特に、石がゴロゴロしているところは定期的に増水している証拠。中州は絶対に避けて、可能な限り少し高台に設営するのが望ましい。

トイレや登山道の近くは避けたい

混雑時で仕方のない場合を除き、トイレや登山道の近くでの設営は避けたい。特に山のトイレの近くでは臭いがきつく、かなり悲惨なことになる。登山道近くも足音や声が気になったり、朝方のヘッドライトに悩まされる。

設営時のノウハウ

テント設営は事前の整地が肝心

後から場所を変えなくてもいいように最初のうちに適地を見極めておく

テント設営の流れでコツを解説

1 平らな場所を見つけよう

テント設営に適した立地条件でも挙げた、平らな場所を見つけたい。傾斜地では就寝時に角度がついて眠りが浅くなる原因に。雨天時には雨が流れ込む可能性もある。

2 邪魔なものは取り除く

テントの下に石や木などあると、就寝時に背中に違和感を感じることになるため、事前に取り除いておきたい。そのままにして自重をかけるとテントが破ける原因にもなる。

3 グランドシートを事前に敷く

設営場所が決まったら、テントを広げるよりも先にグランドシートを敷く。グランドシートは取り出しやすい位置にしまっておこう。

4 ポールよりペグダウンが先

まずグランドシートの四隅をペグで固定したら、テントの底面をグランドシートの上に敷いて、ポールを入れるよりも先にペグで固定してしまう。

ポールは連結しながら入れる

ポールをテントに固定していく。混雑時はポールを伸ばしきってしまうと周囲に迷惑をかけてしまうおそれがあるため、少しずつ伸ばしながら入れていくとよい。

ポールとテントを固定する

テントの形状にもよるが、ポールとテントを固定するため補強用のマジックテープがあるものも。強風に耐えられるよう、固定できるものはすべて固定する。

張り綱を調節する

ポールの固定が終わってフライシートをかぶせたら、ペグで固定した位置にある張り綱（ベルト状のものも）を調節して締め上げる。ピンと張ることで強度が増す。

ガイラインもしっかり固定

ポールの中心位置から伸びているガイラインもしっかり固定する。ガイラインを張ると張らないとでは、風への強度が格段に変わる。ガイライン分のペグも用意する。

CHECK

ポールを入れたテントを持ち運ばない

自立式のテントはペグで固定せずともテントの形状になるため、この状態になってから設営場所を変えることも可能。ただし、ポールに負荷がかかるため折れてしまうこともある。特にテント内に物が入っていると重みで破損する可能性が高い。後になって動かさなくてもいいように、最初の時点でしっかり場所を決めておこう。

覚えておきたい最低限のロープワーク

簡単なロープワークを覚えておくと速やかに設営することができる

登山ではさまざまな場面でロープワークを行います。これはテント泊山行でも同様。特にドーム型テントから軽量化を図ってツェルトに切り替える際は必須の技術です。

また、ロープによる安全確保技術は初心者だから不要ということはありません。山岳遭難死亡事故の半数以上が転滑落によって引き起こされており、その多くはロープによる安全確保で防ぐことができます。ロープワークを学ぶということは登山の安全を大きく高めることにも繋がるのです。安全確保技術に関しては独学で学ばず、経験者の指導を仰ぐ必要があります。追々覚えて行きましょう。ここではテント泊で最低限覚えておきたい結びを紹介します。

※ Kuri Adventures ではロープによる安全確保技術の講習指導を行っています

止め結び（オーバーハンドノット）

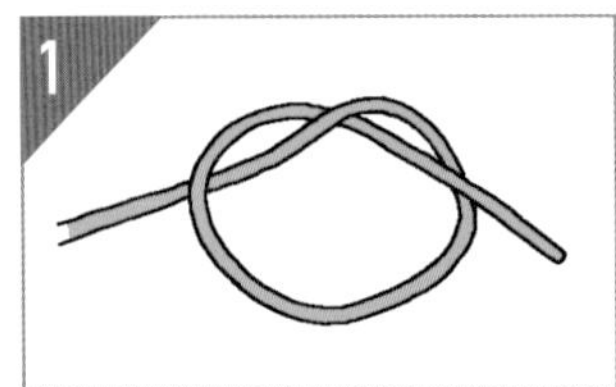

ロープにコブをつくるための結び方で、ロープワークの中でもっともシンプルな結び。まずはロープを一回転させて輪をつくる。

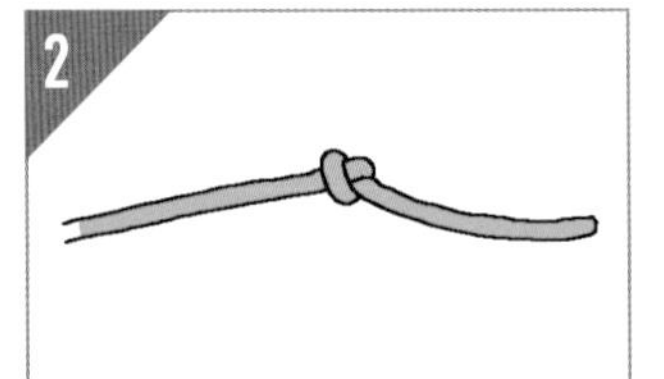

末端を輪に通し、そのまま締め込めばオーバーハンドノットの完成。締めると解きにくいので注意。

もやい結び（ボーラーインノット）

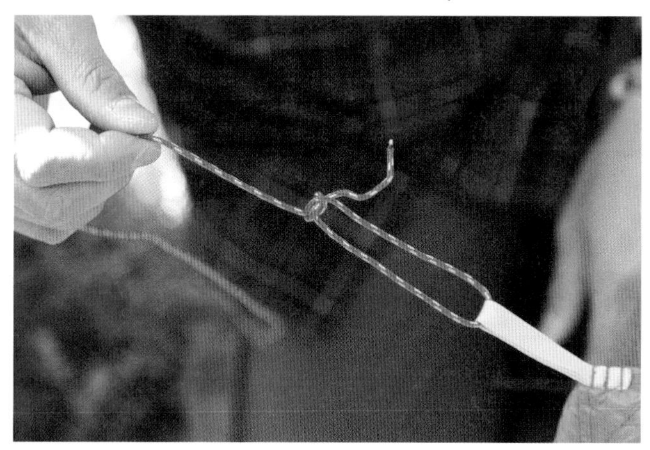

特徴と用途

ロープの端に輪をつくる結び。たいへん強固で、それでいながら強いテンションがかかった後でも解きやすい特性をもっている。タープの末端や木にロープを結びつけるなど、さまざまな場面で使用できる。

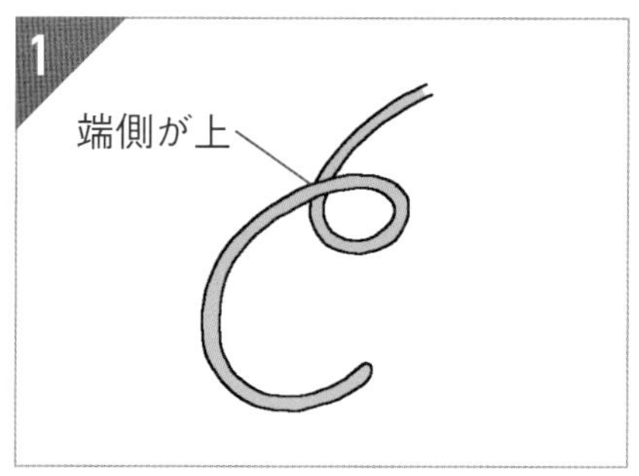

ロープを対象物に巻きつけ端側ではないほうのロープを1回ねじって輪をつくる。

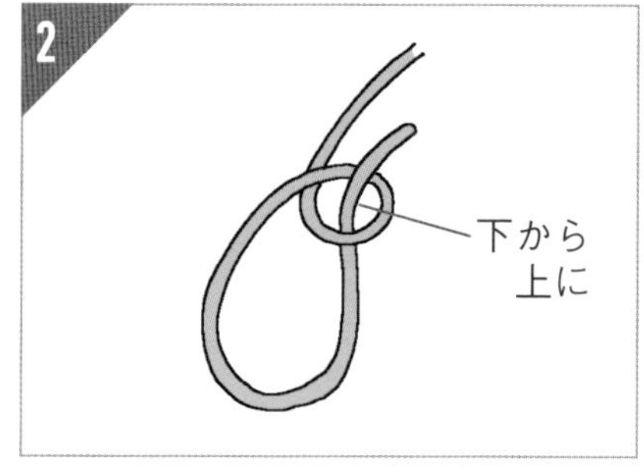

ロープの端を①でつくった輪の下から上にとおす。

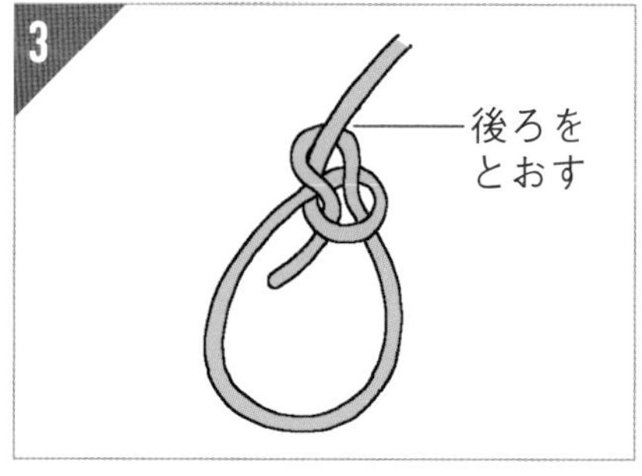

ロープの端を端側ではないほうのロープの後ろにとおし、再度、①の輪の中にとおす。

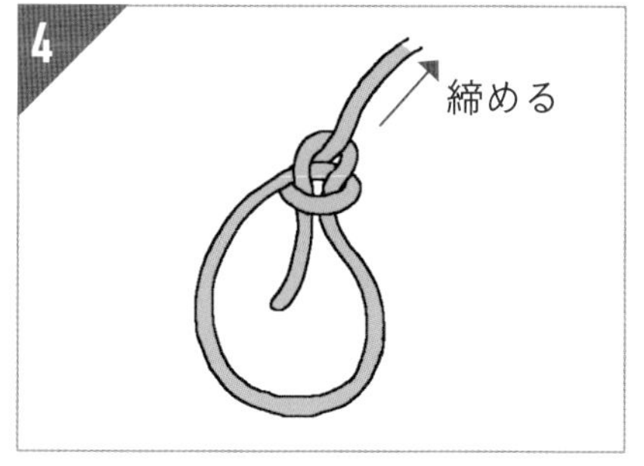

端側ではないほうのロープを締め上げることで、大きさが変わらない輪が完成する。

巻き結び（クローブヒッチ）

特徴と用途

ロープと対象物を絡めて固定する結び。簡単に結べ、強いテンションがかかった後でも対象物を抜けば簡単に解くことができる。ツェルト設営時に、ポールにロープを固定する際に便利。

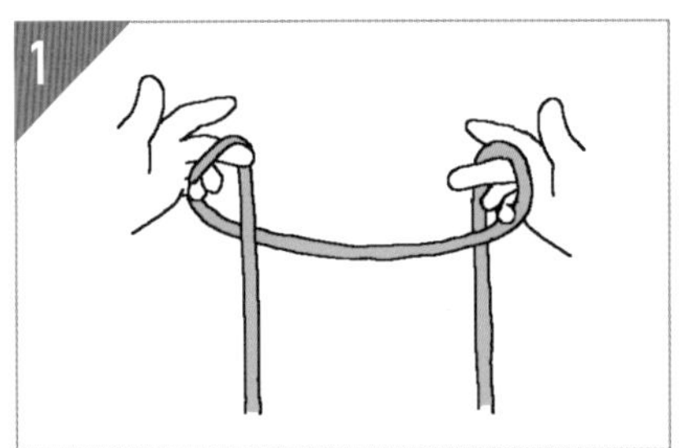

縦に伸びているロープは、右手がロープの奥側に、左手がロープの手前側にくるように保持する。

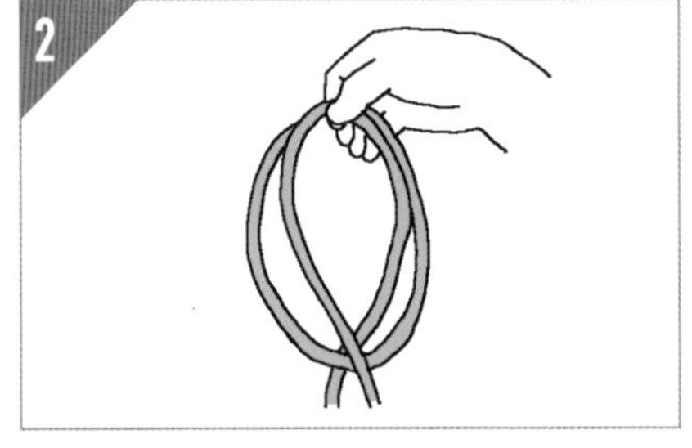

①の状態から、2つの縦に伸びているロープが交差するように輪を重ねる。

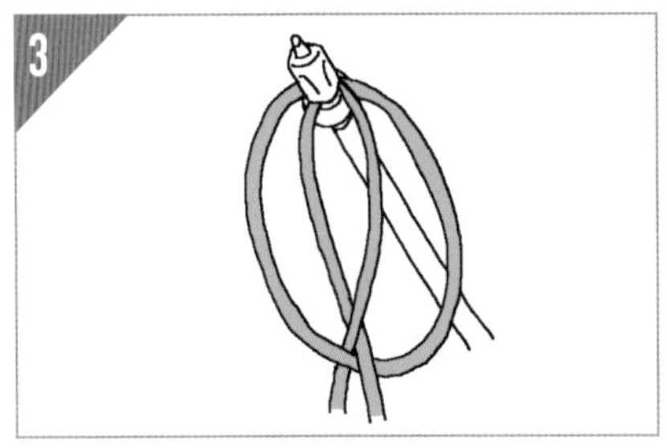

②の状態で、2つの輪が重なるところにトレッキングポールの先端（カラビナ）などをとおす。

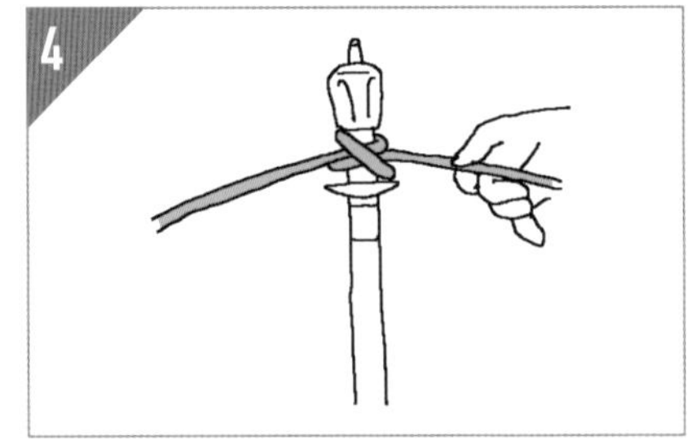

縦に伸びているいずれかのロープを引っ張ることで、トレッキングポールとロープがロックされることになる。

自在結び（トートラインヒッチ）

特徴と用途

テントに付属する自在金具の機能をロープワークで果たす。ロープの長さを変えたり、テンションをかけることができる。ロープが滑ってしまう場合には、②の工程を１～２回増やすことで滑らなくなる。

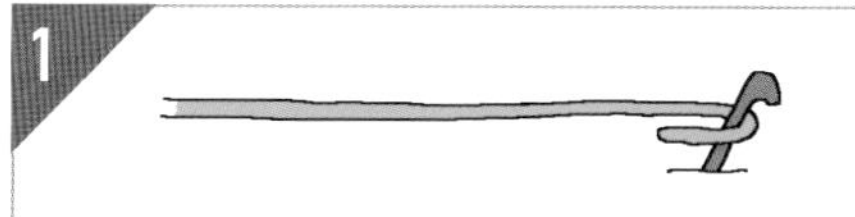

1 ペグなどにロープをかける。

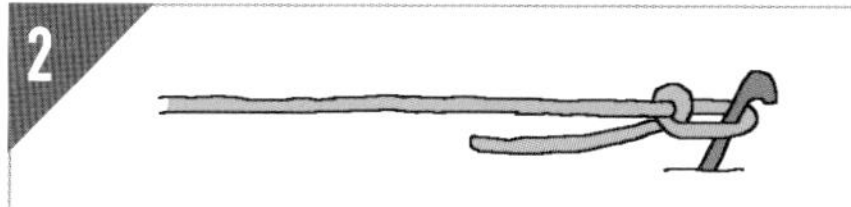

2 一度輪をつくり、短いほうのロープの端を輪にとおす。

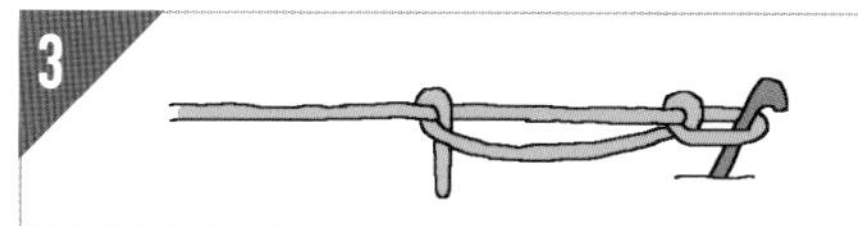

3 数センチ離れた箇所で、②と同様に一度輪をつくり短いほうのロープの端を輪にとおす。②との間隔を開けることで、ここが張りを調整する遊びとなる。

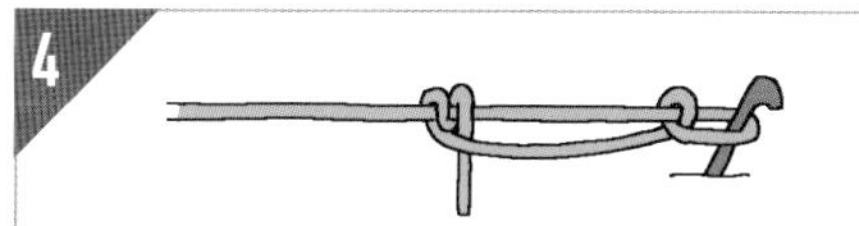

4 ③のすぐ手前ペグ側にもう一度短いほうのロープの端をとおす。

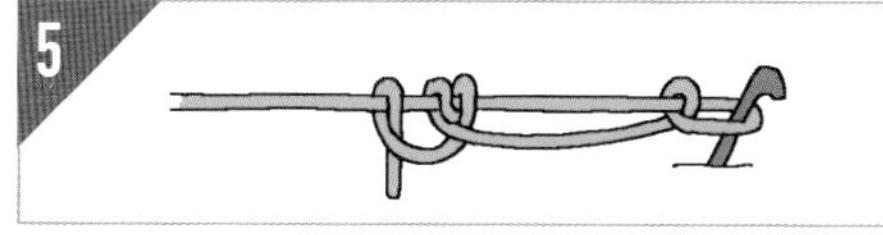

5 最後に、短いほうのロープの端をもう一度、④とは反対側に輪をつくってとおして完成。

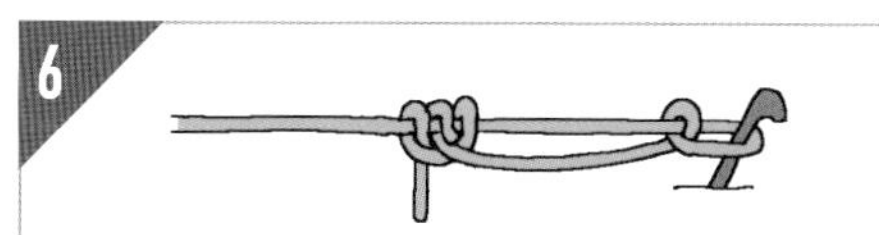

6 ２つの結びを移動させることで､長さ（＝ロープの張り）を調整することができる。

テント場以外の場所でビバークする際の注意点

緊急時対応のビバークにも守るべきポイントがある

POINT

- ビバークをするとなったら早めの決断を
- 自然環境へのダメージを最小限に心がける

原則として、指定地以外でのテント泊（幕営）が禁止されていることは前述したとおりです。とはいえ、足をくじいて動けなくなったり、道迷いのまま日没を迎えてしまった場合など、行動できなくなることもあります。そんな中、気温が下がる夜に無防備ではいられません。バックパックにあるテント泊装備で体温を保持し、夜明けとともに行動するための体力を回復させることは、緊急的に認められています。

ただし、それでも最低限のマナーや注意したい点はあります。認められていない場所にお邪魔するのですから、自然保護の観点でも適切なビバークをしたいものです。出発時には痕跡を残さずに撤収するよう心がけましょう。

ビバーク時のマナーと注意点

危険な場所を避ける

ビバーク地として崖下や沢筋を避けたいのは107ページのとおり。突風に煽られる稜線や、雨天時は落雷に備えて大木の下も避ける。

植物が生えている場所を避ける

ビバークで心がけたいのは自然環境になるべくダメージを残さないこと。テントを張る場合は植生に影響を与えない場所を選ぶ。

水質汚染を避ける

水の確保のために沢を利用する場合、水質汚染には十分に注意する。下流で生活用水になっていることも考えられる。

焚き火の痕跡を残さない

体を温めるために焚き火をする場合、植物にダメージを与えないよう炎は小さくし、出発時は炭や痕跡を残さずに撤収する。

CHECK

ビバークするなら早めの判断を

なるべくビバークしないですむように、勇気をもって引き返す判断ができるのが理想だが、山に絶対の安全はありえない。止むを得ずビバークする状況になることもある。そんなときは躊躇せずに明るいうちにビバークする判断をすること。なぜなら、暗い中で安全なビバーク地を探すのも困難だし、日暮れとともに気温も下がってくる。早めのビバークを決断し、体力を取り戻すことに集中すべきだ。

PART 5

テント泊登山 〜就寝編〜

テント場まで歩いた体の疲れを
癒すために欠かせない要素は、
睡眠と食事です。
これを疎かにしては２日目に行動する
体力を取り戻せません。
２日目のための過ごし方を抑えておきましょう。

体力回復のための就寝

テント泊では「爆睡」を目指す

普段と違う環境だからこそ眠りのための環境を追求する

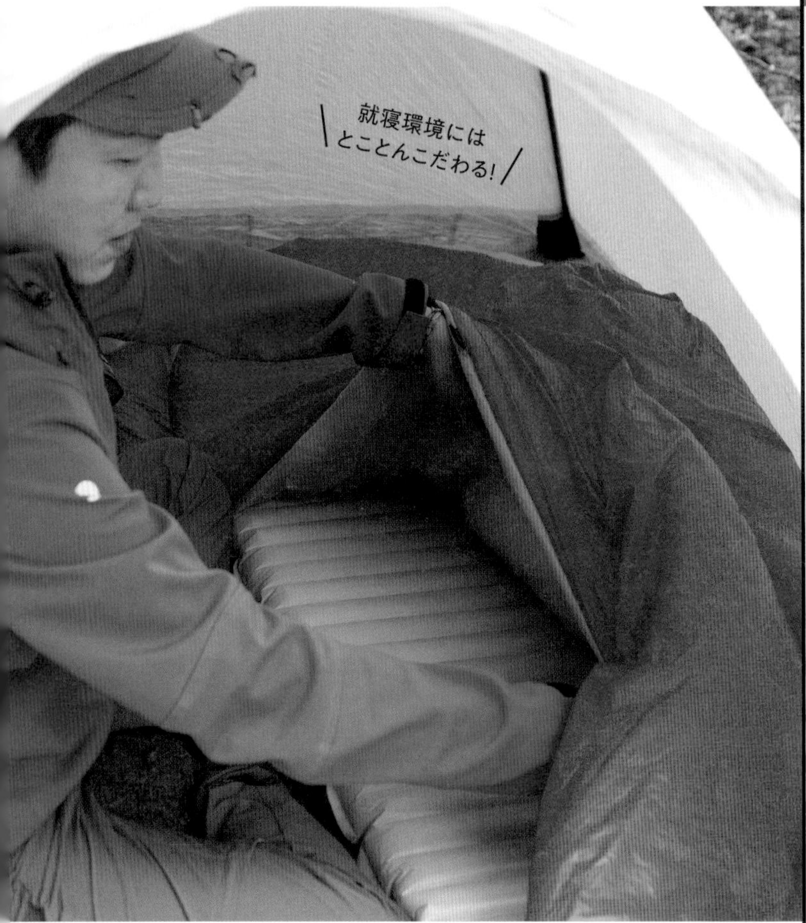

本書で繰り返し説いてきましたが、テント泊山行の本来の目的は体力回復です。山頂で美味しいご飯を食べたい。ご来光を拝みたい。登山の目的はさまざまありますが、そのために行動できる英気を養う手段の一つがテント泊なのです。

体力の回復のためには、十分な睡眠をとる必要があります。普段と違う環境で、寝具にも慣れていないと「よく眠れなかった」なんてこともあると思いますが、翌日行動するのに疲れが残っていては大事に関わります。疲れた足取りで稜線や岩場を登ることは絶対に避けなければなりません。テント泊では普段以上に「爆睡」できることを目指して、万全の準備を整えましょう。

爆睡のためにすべきこと

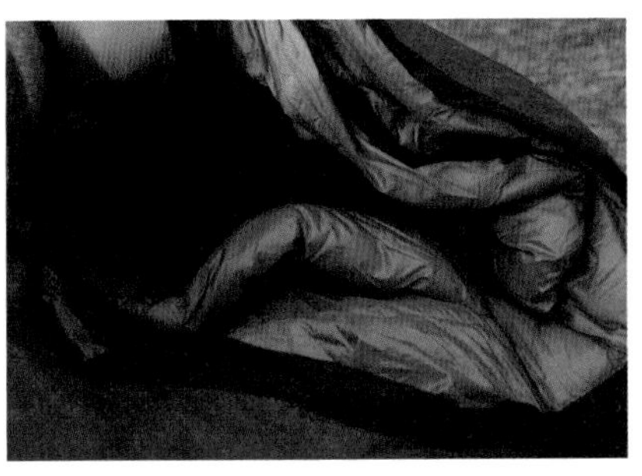

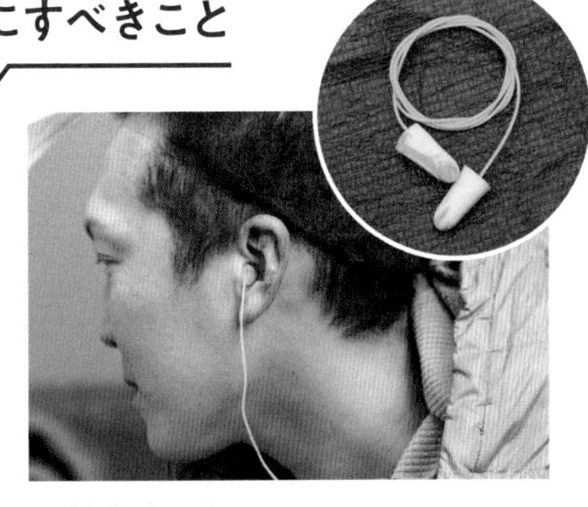

寝具の保温力はオーバースペックに

寝袋とマットの保温力を重視。できれば全身サイズのマットを使用し、寝袋もコンフォート温度を最低気温に合わせよう。

耳栓をすべし

風の音はもちろん、混雑期では周囲の声など、静かな山の中ではより気になってしまうもの。耳栓を使って完全にシャットアウトしよう。

衣類も組み合わせる

気温が下がるときにはダウンジャケットやレインウェアも併用する。足先が冷えるときにはバックパックに入れるのも有効。

快適な環境を追求する

一度寝てみて傾斜を感じるようなら向きを変えるなど、設営時にテント内の自分や物の適切な配置を模索しておく。寝る前になってジタバタしないように。

CHECK

寒いときの裏技！

耐冷耐熱性能の高いプラスチックボトルや、ソフトタイプの水筒であれば、寒いときにはお湯を入れて湯たんぽにすることも可能。プラスチックボトルを足元に、ソフトタイプを胸の上に置いて寝ることで、一気に寒さが改善する。ただし、低温やけどには注意。

食事は手間を楽しむよりも体力回復を優先する

はじめのうちは必要十分なカロリーを持って、安全登山を最優先にする

慣れてきたら自炊にもチャレンジ!

POINT

あくまで優先すべきは体力の回復である。慣れないうちから自炊にこだわらないこと。

食材やクッカー、燃料とストーブを持ち込んで、テント場でごはんを作りたい!そんな動機でテント泊登山をはじめる人もいると思います。自分自身の力で衣食住を完結させるのがテント泊登山ですから、楽しいだけでなく重要な要素です。しかし、その分荷物も多くなりますし、調理時間も考慮しなければなりません。

テント場での最優先事項は体力の回復です。調理のために重たい荷物を担いで、不慣れな環境で調理に時間がかかってしまったら、果たして十分な体力を回復できるでしょうか。テント場で自炊に挑戦するのはテント泊に慣れてきてからでも遅くありません。はじめのうちは山小屋を利用したり、お湯を沸かすだけの簡易な調理にしておきましょう。

初心者向け食料計画見本

1日目の昼食	おにぎりや菓子パンなど、お湯を沸かすなどの調理をしなくても食べられるものにしておく。
1日目の夕食	規模の大きい山小屋であれば、スタッフも多く食事のみの利用でも対応してくれる。活用しよう。
2日目の朝食	自身の行動開始時間にもよるが、朝食は山小屋ではなく簡単な調理でできる食事を用意したい。
2日目の昼食	お湯や水を入れてできあがる、アルファ化米食品など、手軽で保存もきく食事がおすすめ。
行動食	プロテインゼリーやエナジーバーなど、短時間で高い栄養価を得られる携帯食がおすすめ。

CHECK

ビールは到着後の一杯だけに

アルコールは肝臓に負担をかけてしまい、自分は眠っていても肝臓を働かせることになる。ご褒美のビールは到着後まもなくの一杯程度にして、深酒しないように。飲みすぎると睡眠が浅くなってしまい、十分な体力回復が期待できなくなる。

テントの中での過ごし方

次の行動のための準備ともしもに備える

テント内だからと安心しきらず万事に備えて整えておくこと

テントの中は整理整頓!

POINT

・不測の事態に備えてテント内は整頓しておく
・テント内だからと油断せずに可能な限りの防水対策を

日没前にテント場に着いたとしたら、次の行動開始までには10～12時間ほど過ごすことになります。最大の目的は十分な睡眠をとることですが、次の行動に向けた体勢を整えておくことも大切です。

テント内でアレコレ広げて散乱した状態で寝たとして、仮に急激な雨に見舞われテント内が浸水してしまったら撤収も大変ですが、翌日行動するための装備も濡れてしまい、体温を奪われながら行動することになります。また、うっかり寝過ごしてしまったとき、さらに撤収に時間がかかってしまっては、計画は大幅に狂うことになります。寝袋に入る前に、不測の事態を想定しつつ、速やかに撤収できる準備をしておきましょう。

就寝前に整えておくべきこと

バックパックは袋の中に

濡れていたり汚れている可能性もあるバックパック。室内では大きめのビニールに入れておくことで、他のものを濡らさずにすむ。

※テントを入れてきた袋を活用している

トレッキングポールで浸水防止

トレッキングポールは収束した状態で、テントの外側の両サイドに忍ばせる。部分的に嵩上げされて、多少なりの浸水防止策となる。

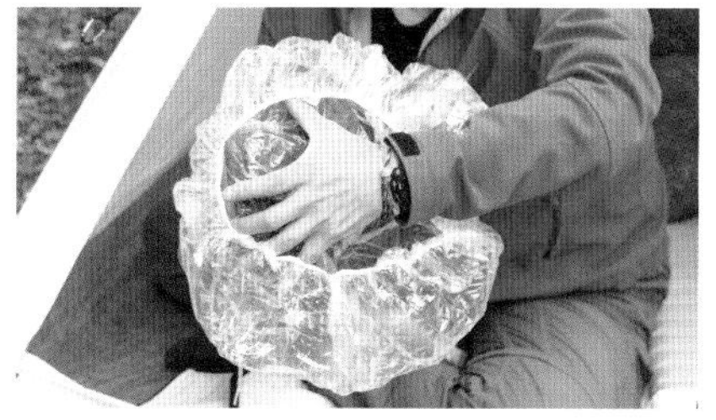

シューズも収納する

シューズは前室においておきたいが、就寝後の急な雨で濡れてしまうことも。室内に余裕があれば袋に入れてしまっておきたい。

※バックパックのレインカバーを使用している

収納袋はポケットに

ペグや寝袋など、設営時に展開した道具の収納袋は、まとめて防寒着のポケットなどに入れておくと、撤収時に探さなくてすむ。

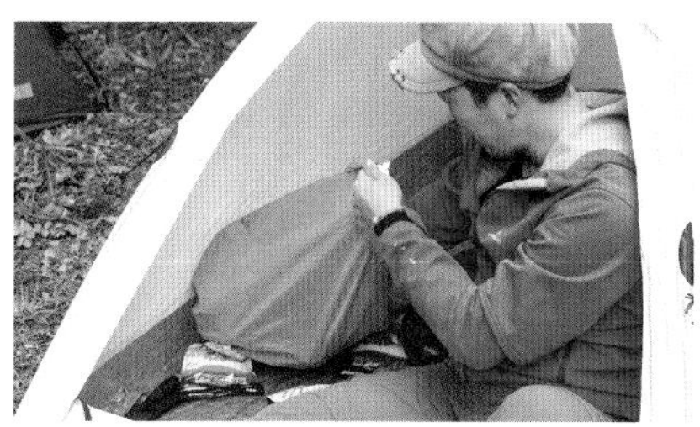

防水バッグにすべて入れる

浸水に備えて、テント内の道具はすべて防水バッグに入れておく。散らかしたまま就寝すると、撤収時にも時間がかかってしまう。

CHECK

撤収イメージをもつことが大事

撤収時に、どの順番で何をバックパックに収納していくか、シミュレーションしておくといい。撤収時間が格段に変わってくる。撤収時間を短縮できるということは、それだけ睡眠時間に充てられることにもなるのだ。

荒天時にすべきこと

雨天時・残雪期の注意点と工夫

できれば避けたい悪天候時のテント泊のコツ

登山はなるべく天気のいい日に行いたいものです。テント泊をするならなおさらですよね。しかし、山の天気は変わりやすいもので、急な雨に見舞われることは珍しくありません。また、地域や標高の高い山によっては夏前の時期でも雪が残っていることがあります。テント泊登山では、当然ながらそうした場面でもテントを設営して野営しなければなりません。

雨天時に特に注意したいのは場所選び。水が溜まりやすい場所であったり、川ができて水の通り道になるような場所はテント内部が浸水してしまう可能性があるため、極力避けたいところです。傾斜しているテント場であれば、低いほうは避けたほうがよいでしょう。

設営・撤収時のコツ

撤収を容易にするゴミ袋

雨天時の撤収ではフライシートを乾いた状態でしまうのは諦めなければならない。専用ケースよりもゴミ袋に入れてしまうほうが、他の荷物を濡れさせることなく撤収できる。

折りたたみ傘の活用

小降りの雨対策として折りたたみ傘を持ち込んでいるなら、調理時の雨除け、風除けとしても活用できる。シングルウォールテントのような前室のないタイプでは特に重宝する。

雪は掘って成型できる

雪の性質を利用すれば快適な環境をつくることが可能。シューズの着脱は高低差がないと難しいものだが、雪上なら出入り口前を掘ってしまうことで、玄関のように快適になる。

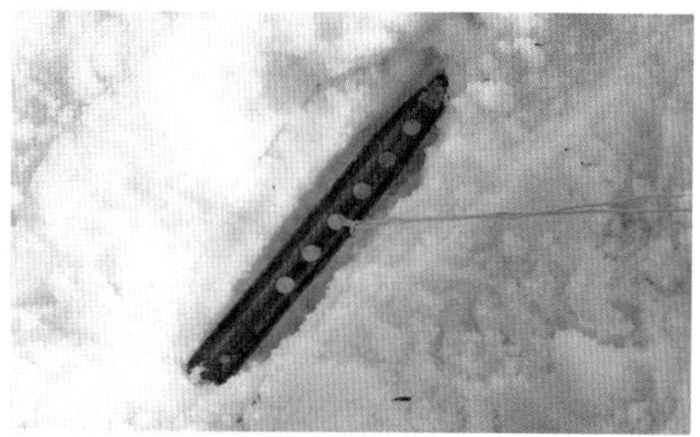

雪上でのペグの使い方

地面が雪で覆われている場所では通常のペグは効かない。穴を掘って、ガイロープを巻きつけたペグを埋めて雪を被せる。これは砂状の柔らかい地面でも効果がある。

CHECK

雪上野営のために備えておきたい道具

雪上であることが事前に分かっているならば、備えておきたい装備がある。まずはスコップ。設営場所の整地や撤収時のペグの回収に役立つ。固い雪を切り出してブロックをつくるスノーソーも便利だ。アンカーペグのほか、スノーアンカーと呼ばれる切り出したブロックを重しにしてペグの代用にするアイテムもある。

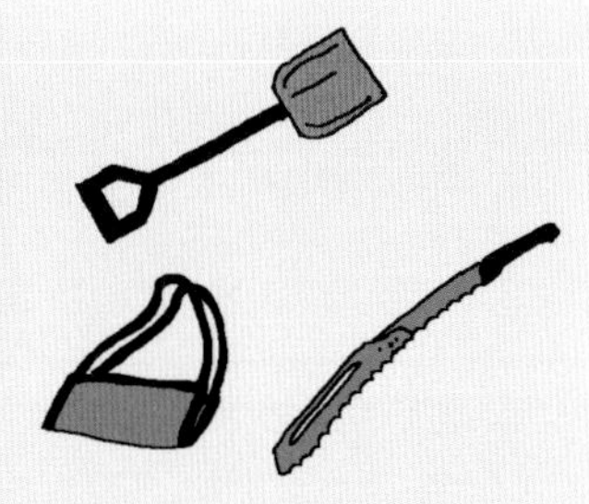

撤収時のコツ

自然と周囲に配慮した撤収を心がける

山にも人にも迷惑をかけない！

撤収時はゴミはもちろんのこと忘れ物をしないように注意

POINT

- 山ではゴミひとつ残さず撤収する
- 撤収作業は状況に応じて周囲に迷惑をかけないように

缶ビールなど、山小屋で購入したものから出るゴミは引き取ってもらうことができますが、自分で持ってきて出たゴミは必ず自分で持って帰らなければなりません。それが山に入る際の条件でもあります。忘れ物や落し物も山にとってはゴミでしかありません。撤収時にしまい忘れがないように注意しましょう。特に、雨天時や夜明け前に撤収作業をすると、ペグなどを忘れがちです。

また、自分だけの山ではありませんから、周囲に迷惑をかけないようにもしましょう。例えばご来光を見るためにはやめに出発するとき。周囲の誰もが同じ時間に行動開始するわけではありません。極力静かに撤収作業をするように心がけ、ライトであちこち照らさないように気をつけましょう。

テント撤収時のポイント

ペグが抜けないとき

地面に刺しすぎて抜けにくいペグは、ガイロープを緩め垂直方向に引っ張って抜く。ペグを使って引くとより力を入れやすくなる。

ペグは失くさないように注意

抜いたペグを散乱させておくと見つからなくなって紛失してしまう。抜いたペグは、一カ所に集めておくとよい。

ポールは引っ張らない

テントからポールを抜くとき、引くと連結部が外れてしまい抜きにくくなる。幕体を引くように、ポールを押して抜いていく。

ポールは上方に向かって抜く

ポールを押して抜くときは上に向かって抜いていくこと。これならテント場が混んでいるときも周囲に対して安全に抜くことができる。

食事の片づけ

汚れはペーパーで拭き取る

テント場の水場では食器洗いは原則NG。食器類の汚れはペーパーで拭き取る。水を使わなくてもいいよう、きれいに食べ切ろう。

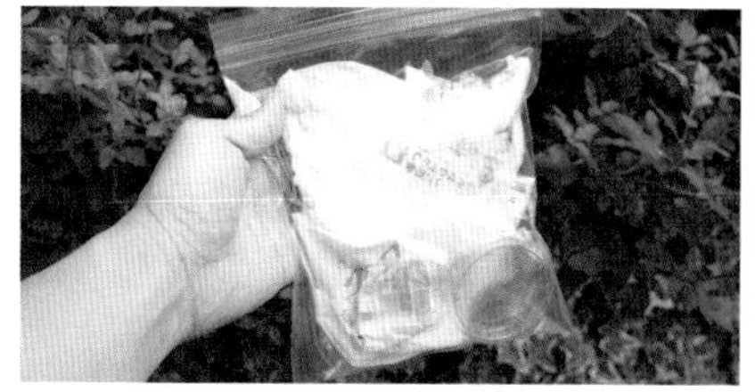

ゴミは密閉袋に入れて持ち帰る

持ってきたものは何ひとつ置いていかない。ゴミ類がバックパック内で染み出さないよう、密閉袋に入れて家まで持ち帰ること。

次のテント泊登山に向けて

違う季節、違うルートを選び、

その都度装備や計画を再構築していくテント泊登山。

二度と同じ条件下で行うことはありませんが、

経験値は蓄積されます。

次回のテント泊登山に向けて、

装備や計画の見直しをしてみましょう。

自分を知る

テント泊登山は自分の快適を知るための遊び

何が不満だったか
メモを取っておこう!

最初から正解する人はいない　何度も登って自分だけの答えを

最初の一回目からテント泊登山で満足できる結果を得られることは、まずないと考えたほうがいいでしょう。とにかく大切なのはまずやってみること。必ず、こうしたらよかったのではないか？という気づきがあります。次回の登山ではそこを改善してみる。それでうまくいくかもしれないし、さらにやり方を変える必要があるかもしれません。そういう試行錯誤やアップデートが、実はテント泊登山の醍醐味だったりします。

何が快適なのかは、人それぞれに違います。テント泊の快適さを求める人、軽量化を追求して歩きの軽快さを極めたい人など十人十色なのです。何が快適で何が正解なのかはやってみないとわかりません。繰り返しトライして、自分専用の装備を追い求めてみましょう。

自分の快適を知るために

快適に眠るための条件とは

快適な睡眠のためにもっとも重要なことは、体温の急速な変化を起こさせないこと。急に温度が下がるとどうしても目が覚めるか、眠りが浅くなってしまう。ダウンジャケットなどを併用して寝袋に入ることで、寝返りの際に起こる寝袋内の空気の対流による急激な温度変化の影響を受けにくくなる。気温が低いときには積極的に併用しよう。

体力の回復を第一に考える

テント泊でなかなか寝つけないという人はお酒自体をやめてみるのも手だ。飲むにしても到着時に軽く乾杯する程度にして、飲酒は眠りにつく2時間前までに食事と一緒に摂るぐらいにしておく。アルコールの分解は肝臓に負担がかかり、身体の水分も多く消費してしまう。眠りについてからトイレが近くなるのも、熟睡できない原因に直結してしまう。

より快適を目指すために

不満点のメモをとる

テント泊を行うと、必ずうまくいかなかった点があるもの。背中が冷たかった、マットから何度もずり落ちた、夜中に肌寒かった、沢の音で何度も起きた、食料が足りなかった、結露がひどかったなど。天候や気温とともに記録していくと、今の装備や技術に対する課題が見えてくる。

キャンプ場で練習してみる

テント泊は経験数が大切だが、毎週泊まりで登山を行える人も限られるだろう。しかし、近場のキャンプ場などであればもっと手軽に行きやすいはず。オートキャンプよりも道具はミニマムだから手軽に行えるはず。まずはテントで寝る経験をたくさん積み重ねよう。

日常的に行えるトレーニング

山の中で爆睡を目指すためには、日常の環境にいかに近づけることができるかが重要。山を日常に近づけるのは難しいので、日常を山に近づけてみよう。スリーピングマットと寝袋で寝てみたり、窓を開けて風通しのいい環境をつくってみるなど、屋外での睡眠環境に近い状態をつくることで、それが特別なことではなくなってくる。

目指すは装備の最適化!

装備の見直しに終わりはない

テント泊登山は快適さと軽量化のバランスを探求する長い旅

自分が、どんな状況ならしっかり眠れるのか、意外とわかっていないものです。テント泊に行って、どうも寝つけなかったとしたら、どうしたら眠れるようになるのか、装備を見直してみましょう。

寒かったのなら、寝袋のタイプは合っていたのか、インナーに何か着込んだほうがよかったのか。あるいは地面が固く、冷えて眠れなかったなら、マットを替えたほうがいいのではないか、ちゃんとした枕がないとダメなのか、など考え直す要素はいくらでもあります。おそらく答えは簡単には見つからないでしょう。また、快眠を得られたとしても、そこからは装備が過剰ではないかなど軽量化への見直しが始まります。テント泊の道は遠く険しいのです。楽しんでいきましょう。

軽量化できたところを探す

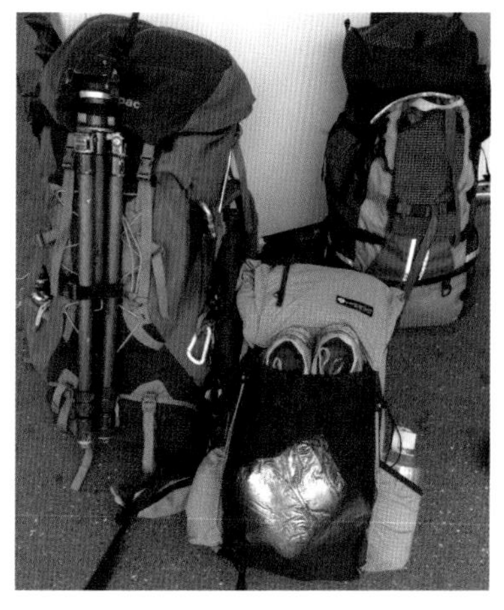

無駄なものはなかったか

出番の少なかった三脚。読まないままただ持ち歩いただけの本。使わなかったものや、他のもので代用できたものなどは、軽量化のために削ぎ落としていこう。

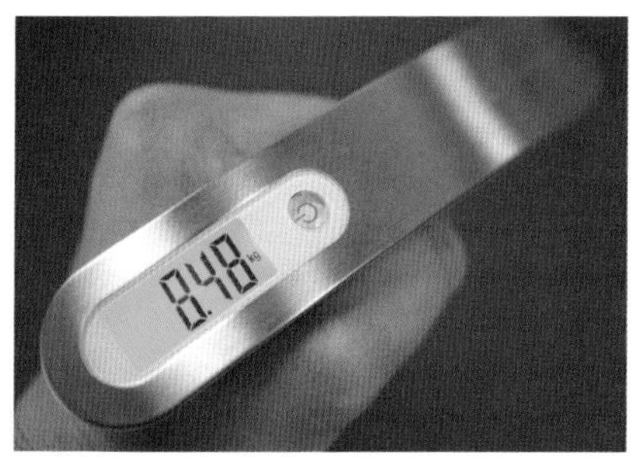

グラム単位の軽量化

すべての装備ひとつひとつを量ってメモをとろう。グラム単位の軽量化を考えることで、総重量はキロ単位で変わってくる。

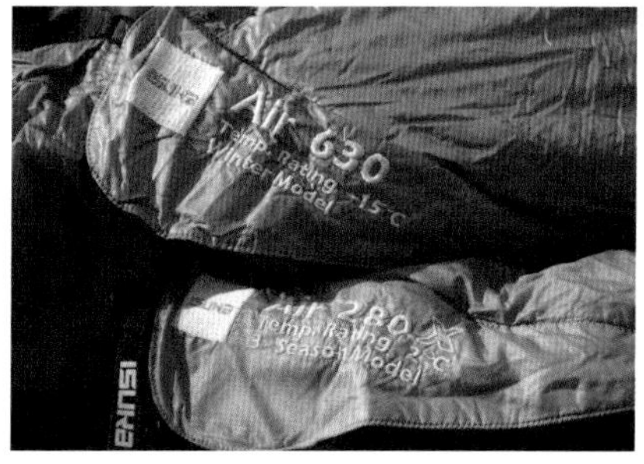

寝具を見直してみる

寒かった場合、寝具が影響している可能性が高い。失敗しないよう、あらかじめ少しオーバースペック気味のものを買おう。

CHECK

常に考え続けることが大切

登山の成否は準備の段階で半分決まると言われている。綿密な計画であったり、事前のトレーニングであったり、装備であったり。より快適な登山を行うために必要なことは何なのかを常に考え続けることで、一歩一歩答えに近づいていくことができるものだ。一気に進めようとするとお金と時間の負担が大きくなるので、じっくりと腰を据えて行おう。考え続けることで答えに近づいていく。

テントとレインウェアのメンテナンス

帰ったらまず装備を出す 汚れを取ったら湿気を除去

POINT

- 塗れたままの保管は絶対ダメ
- まずは拭き掃除。 そして乾燥をさせること

テント泊登山は、バックパックから全部出して、正しくメンテナンスするまでが行程です。とくにテント場や道中が雨天だった場合は、帰宅後一刻も早くすべての道具を出して風を通しましょう。季節によっては、ひと晩蒸された装備が翌日から悪臭を発生させることもあります。中に入って過ごすテントはとくにカビが大敵。カビ臭のするテントは不快極まりませんし、健康にも害があります。まずきれいな雑巾で、内側と外の泥汚れを拭き取ったら、フライシートとともにしっかり乾燥させます。グランドシートは洗濯機で洗ってしまうのが手っ取り早いでしょう。レインウェアは表よりむしろ裏側が汚れているので、裏返してから中性洗剤で洗います。柔軟剤は厳禁。これもしっかり乾燥させること。

テントのメンテナンス

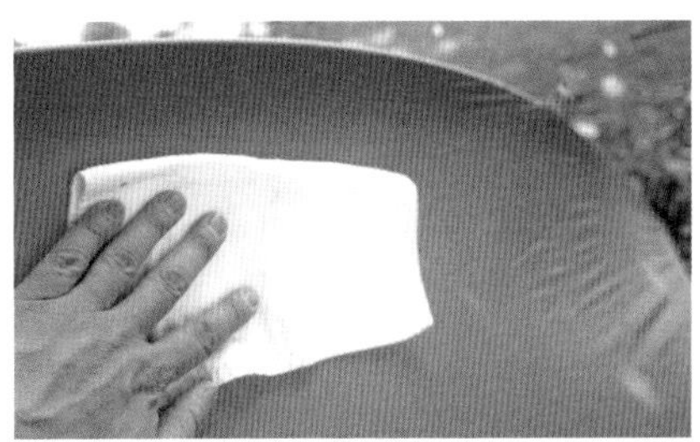

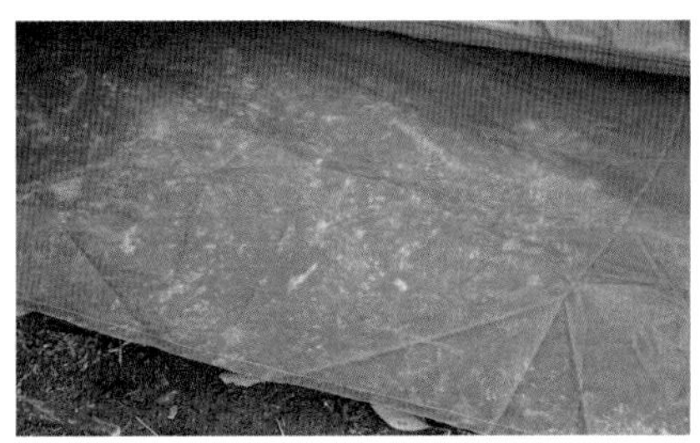

拭き掃除をして乾燥させる

泥汚れは固く絞った雑巾で拭き取る。乾燥させるときはポールも入れて中に空気が通るようにしてやるとよい。とにかくカビはNG。

グランドシートは洗濯機へ

直接地面に敷くグランドシートは主に泥で汚れている。洗濯機を回して水ですすぐだけでも十分きれいになる。脱水はしない。

レインウェアのメンテナンス

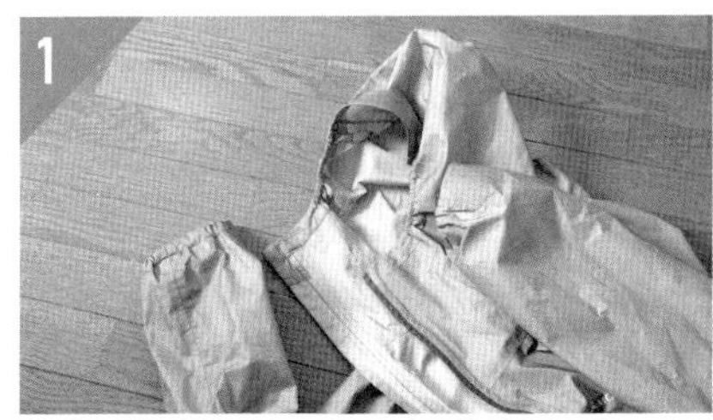

レインウェアはこまめなメンテナンスがとても大切。皮脂汚れが大敵となるので、袖を通したら洗濯するくらいでいよう。

一般の中性洗剤を使う場合は、柔軟剤や漂白剤の含まれないものを使う。柔軟剤などのシリコンオイルが含まれると撥水力が落ちる。

ファスナーを閉めて裏返し、洗濯ネットに入れて洗う。脱水はせず、水分はタオルで拭き取って陰干し。乾いてから乾燥機にかける。

洗濯するたびにアイロンか乾燥機にかけよう。熱で生地表面の起毛が起き上がることで撥水力が回復する。とても大切な工程だ。

寝具のメンテナンス

寝袋を洗濯して快適な睡眠と保温力の回復を

POINT

- 寝袋、マットは乾燥が第一
- ダウン寝袋も専用洗剤で洗うことができる

人は寝ている間にコップ一杯ほどの寝汗をかくといわれています。とくに雨でなくても寝袋は多くの湿気を含みます。寒い時期なら結露で濡れることもあります。帰宅したら寝袋をコンプレッションバッグから出して、広げて干しておきましょう。ダウン製の寝袋は汗や皮脂が浸透して保温力が下がってきます。その際は、専用洗剤で洗うと復活します。クリーニング店でダウン製寝袋に対応しているところもあります。どこで引き受けてくれるか調べておきましょう。また寝袋の下に敷くマットも体と地面からの湿気で湿ります。そのまま放置するとカビやすいのでしっかり乾燥させることが大事。テント泊登山は快適な睡眠が大事ですから、寝具のメンテナンスはしっかりやっておきましょう。

ダウン製寝袋のメンテナンス

1

ダウン専用洗剤を使う

一般の洗剤では逆に保温力が低下するため、必ずダウン専用の洗剤を使用すること。

2

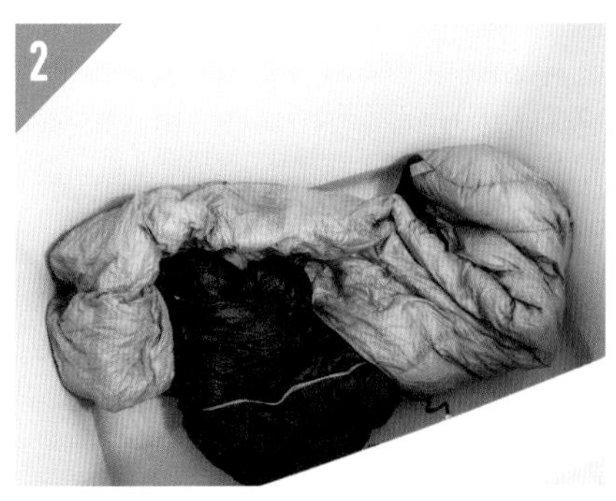

風呂場の浴槽を使う

家庭で洗う場合は洗濯機は使わず、風呂の浴槽にぬるま湯を張り、ダウン用洗剤で洗う。

3

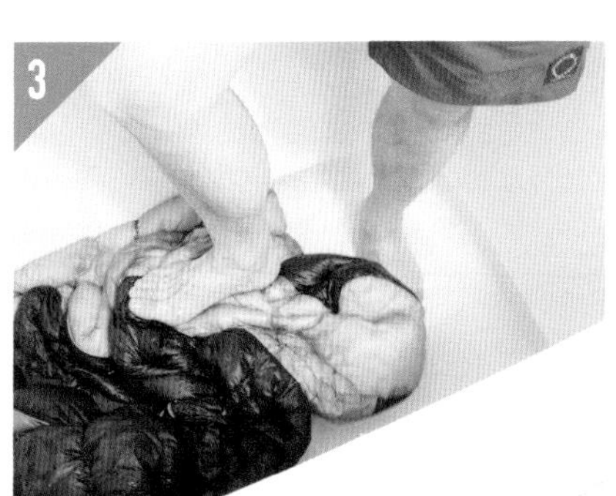

足踏み洗いで奥の汚れを追い出す

体重はかけずに足踏みをして、寝袋の奥に染み込んだ汗や皮脂を追い出していく。

4

すすぎはしっかりする

浴槽の水を捨て、きれいない水で繰り返しすすぐ。すすぎが不十分だと次に寝るときに洗剤の匂いが気になる。

CHECK

クリーニング店の活用も選択肢

ダウン用洗剤は高価だし、自分で洗うのもなかなかの手間なので、いっそクリーニング店に依頼してもよい。寝袋を請け負ってくれるクリーニング店も増えている。コインランドリーの毛布コースを使うこともできるが、その場合はシュラフ用洗濯ネットに入れて使用する。脱水はしない。

装備のメンテナンス

登山装備の正しい保管方法

道具の保管は次の登山の準備でもある

POINT

- 登山道具はカビが大敵
- 水分をしっかりとり、 加圧しないで保管する

テント泊の装備はアウトドアで使うものですが、保管もアウトドアというわけにはいきません。登山道具の大敵はとにかく湿気。そしてカビ。オフの間は次回使うまでのカビとの長い戦いの始まりなのです。基本的にベランダや物置などの屋外での保管はせず、家の中での保管場所を確保してください。寝袋はスタッフバッグに入れておくと中綿やダウンが縮んで痛むだけです。スタッフバッグから出して大きなストレージバッグに移し、保管しましょう。また化繊や樹脂などは紫外線も大敵です。長時間干すときは陰干しで。登山本番以外で直射日光に晒すのはなるべく避けましょう。すべての装備を正しく所定の位置にしまえたらようやくゴールですが、それは次のテント泊登山のスタートでもあるのです。

各道具の保管方法

寝袋は圧縮させない

スタッフバッグから出し、大きめの専用ストレージバッグにふわっと入れて保管することで長期的に保温力を維持できる。

ハイドレーションは冷凍庫保存

水だけしか入れないのであれば、水道水で中を流し、軽く水を拭いたら冷凍庫へ。乾燥させようとするとカビの原因になりやすい。

トレッキングポールは分解する

トレッキングポールは可能なら分解して、内部の泥汚れなどを取り除いておく。乾燥させてからしまう。

シューズの中敷を外しておく

シューズは中敷きを抜いてしっかり干しておく。次に中敷きを戻すときは、再び出発するときでよい。

CHECK

登山靴のメンテナンス

泥汚れは下手に洗わずに、そのまま乾かしてからブラシで落とす。靴が濡れている場合は、中に新聞紙を丸めて入れて水分を吸わせる。靴底のポリウレタン素材は濡れたままだと加水分解が進行する。砂を払ったらしっかり乾燥させて保管。

[登山に必要な装備]

●… 必須　○… 状況に応じて

	アイテム	重要度	チェック
ウェア	レインウェア（上下）	●	□
	グローブ（余裕があれば予備も）	●	□
	帽子	●	□
	防寒着	●	□
	サングラス	○	□
ギア	ヘッドライト	●	□
	水筒（下山時に500ml余らす量）	●	□
	ツェルト（テント泊では不要）	○	□
	ピッケル・アイゼン（積雪あれば）	○	□
	アバランチギア（季節により）	○	□
	バックパックカバー	○	□
携行品	コンパス	●	□
	地図	●	□
	登山計画書	●	□
	日焼け止め・虫除けスプレー	●	□
	ロールペーパー（トイレキット）	○	□
	ビニール袋（複数枚）	●	□
	GPS・高度計	○	□
	ツールナイフ	●	□
	救急用品	●	□
	健康保険証・身分証明書	●	□
	行動食・非常食	●	□
	携帯電話・予備電池、バッテリー	●	□
	エマージェンシーキット（固形燃料・ダクトテープなど）	○	□
	デジタル無線機・衛星電話	○	□
	お金	○	□

※トレッキングシューズやシャツ、パンツ、バックパックなど、行動時に当たり前に身につけている物については
リストから省いています。

[テント泊登山に必要な装備]

●…必須　○…状況に応じて

	アイテム	重要度	チェック
ウェア	着替え（ソックス・アンダーシャツ）	●	□
	サンダル	○	□
ギア	テント	●	□
	グランドシート	○	□
	ペグ	●	□
	ランタン	○	□
	ガイライン	●	□
	クッカー・ストーブ・燃料	○	□
	食器・カトラリー・浄水器	○	□
	食料	○	□
寝具	寝袋	●	□
	マット	●	□
	シュラフカバー	○	□
	耳栓・アイマスク・ピロー	○	□
携行品	歯ブラシ	●	□
	着火道具（ライター・マッチ）	●	□
	保温ボトル	○	□

テント泊登山は、最初の一回目から上手くいくことはほとんどありません。本書で紹介している内容は本当に基本的なことだけであり、しかも一例に過ぎないのです。何度もトライ&エラーを繰り返しながら、自分なりのスタイルを築いていく必要があります。

失敗は必ずするものですが、本書に書かれていることを参考に始めてもらえれば、少なくとも致命的な失敗には至らないはずです。恐れずに挑戦してみましょう。

そうして何度も挑戦しているうちに、自分なりの快適の在り方のようなものが見えてきます。いつまでも妥協せず、快適を追い求めていくのも、テント泊登山という1つの遊びの在り方なのだと思います。

テント泊登山を始めると、山の楽しみ方はさらに大きく広がりを見せま

す。冬季に小屋営業が停止するルートであっても山行できる可能性があり、そもそも山小屋が存在しないルートでさえ登山の対象となります。テント泊登山を行うことはゴールではありません。そこが本当の意味でのスタートなのです。

この本を手にとったことをきっかけに、今よりももっと自由に山を楽しめるようになってもらいたい。お伝えする情報をきっかけに、あなたの登山人生がより豊かで素晴らしいものとなれば幸いです。

バックパックに詰める幕営具の重みは肩に食い込めど、その背に自由の翼を得た心地で足取りはずっと軽くなるはずです。

さぁ、山に出かけよう!!

登山技術教室 Kuri Adventures 代表
JMIA 認定上級登山インストラクター
栗山祐哉

栗山 祐哉

JMIA日本登山インストラクターズ協会認定の上級登山インストラクターとして、登山教室「Kuri Adventures（クリアドベンチャーズ）を経営。山岳専門誌及びテレビ番組に多数出演。アウトドアブランド「Ferrino」公式アンバサダー。

Kuri Adventuresホームページ
https://www.kuri-adventures.com/

staff

撮影：後藤秀二
撮影協力：中塚早紀（クリアドベンチャーズ）
写真提供：住田諒、株式会社アウトリンクス
イラスト：2g
デザイン：菅沼祥平
DTP：アトリエゼロ
執筆協力：原田晶文
編集協力：渡辺有祐（フィグインク）

はじめてのテント山行
「登る」&「泊まる」徹底サポートBOOK 新版

2023年5月20日　第1版・第1刷発行

監修者　栗山 祐哉（くりやま　ゆうや）
発行者　株式会社メイツユニバーサルコンテンツ
　　　　代表者 大羽 孝志
　　　　〒102-0093 東京都千代田区平河町一丁目 1-8

印　刷　シナノ印刷株式会社

ご意見・ご感想はホームページから承っております
ウェブサイト https://www.mates-publishing.co.jp/

編集長：堀明研斗　企画担当：清岡香奈

※本書は2019年発行の『はじめてのテント山行「登る」&「泊まる」徹底サポートBOOK』を「新版」として発行するにあたり、内容を確認し一部必要な修正を行ったものです。